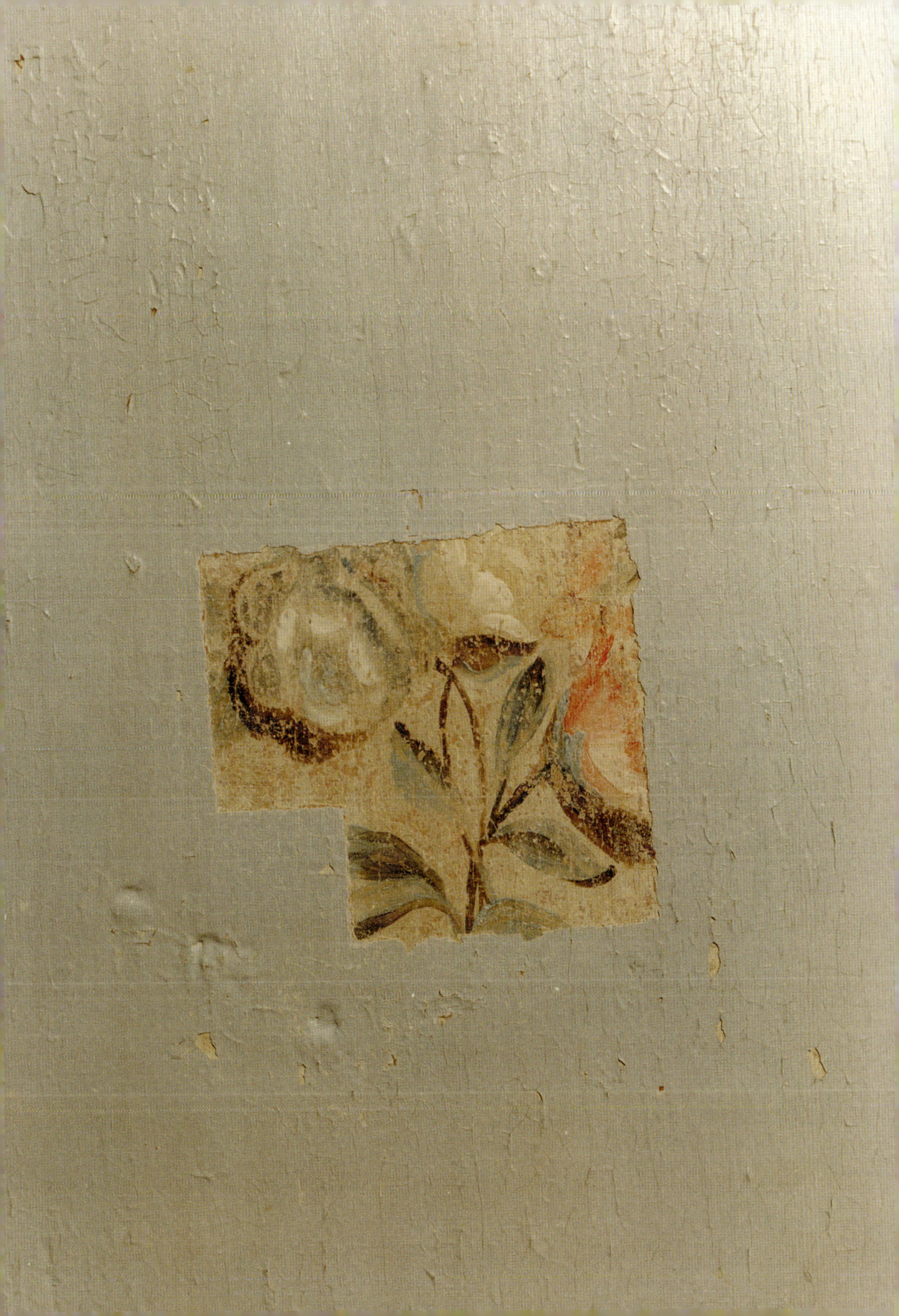

Alfred Kolbinger

Antiquitäten

Handbuch für Möbel

Geschichte ◆ Restaurierung ◆ Pflege
Ratschläge ◆ Richtig kaufen

BATTENBERG

Bibliografische Information Der Deutschen Nationalbibliothek

Die Deutsche Nationalbibliothek verzeichnet diese Publikation in der Deutschen Nationalbibliografie; detaillierte bibliografische Daten sind im Internet über http://dnb.dnb.de abrufbar.
ISBN 978-3-86646-179-6

1. Auflage 2019

www.battenberg-gietl.de

ISBN 978-3-86646-179-6

26.

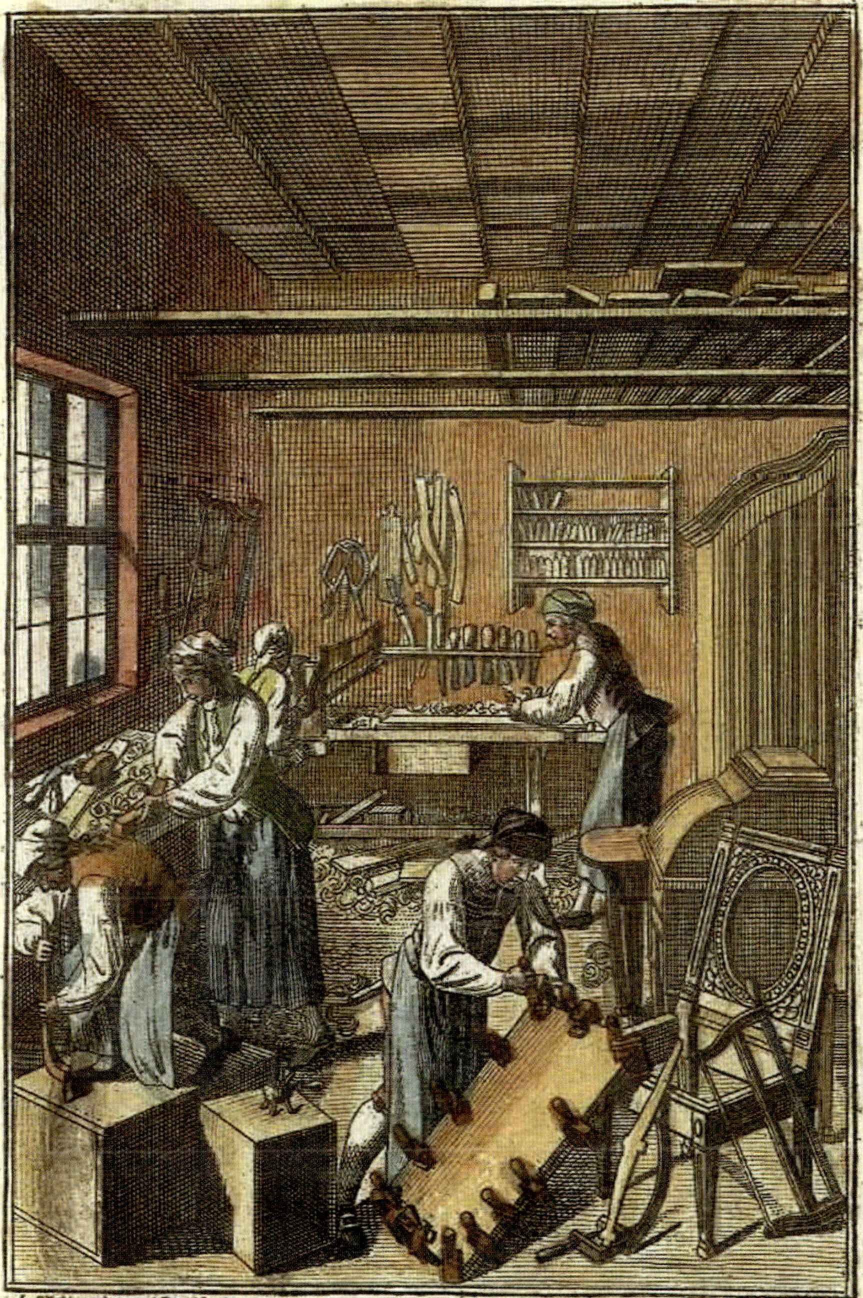

Der Tiſchler oder Schreiner.

Doppelt lebt, wer auch
Vergangenes genießt.

Marcus Valerius Martialis

Für
Katrin

Vorwort

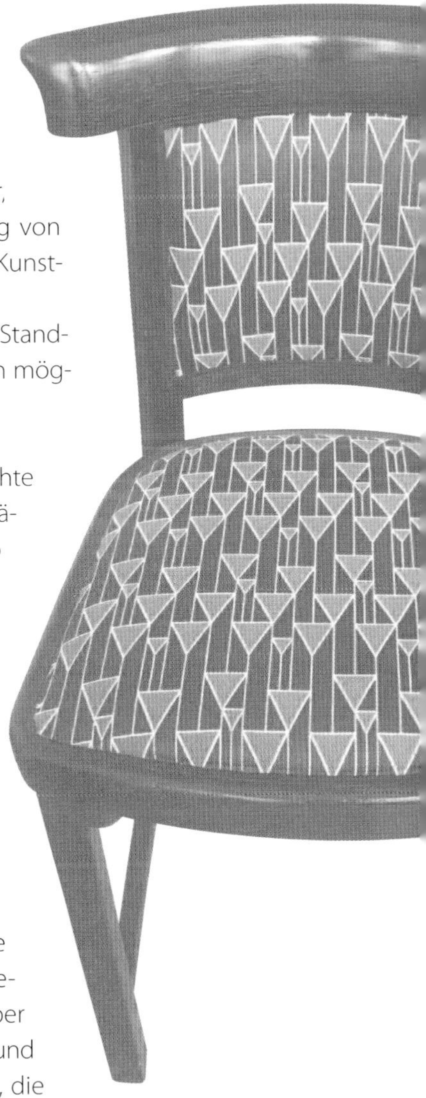

Seit mehr als 40 Jahren beschäftige ich mich mit Möbeln und mit dem Material Holz. In unzähligen Gesprächen mit Kunden und Auftraggebern hat sich ein umfangreicher Katalog an Fragen und Wissen angesammelt, den ich versuche in diesem Buch aufzuschreiben und möglichst verständlich zu erklären.
Dieses Buch sollte ein Nachschlagewerk für Möbelliebhaber, Sammler, Antikmarktbesucher, aber auch für Menschen sein, die keine Ahnung von diesen Dingen haben, aber ein Interesse an den schönen Möbeln und Kunstobjekten, mit denen man sich gerne umgibt.
Jedes Objekt, ob Stuhl, Schrank oder Kommode, braucht einen richtigen Standort, gutes Klima und eine liebevolle Pflege, um den täglichen Gebrauch möglichst schadlos zu überstehen.

Dieses Buch erhebt nicht den Anspruch Fachliteratur der Möbelgeschichte zu sein. Es erklärt den alltäglichen Umgang mit Antiquitäten, liefert Erklärungen von Problemen, ggf. deren Lösung und Hinweise, wie und wo man sich fachgerechte Hilfe holen kann.

Kaum ein Beruf ist so komplex und schön wie der des Restaurators. Oft aber auch entnervend und nahezu frustrierend. Nicht immer entwickeln sich die Dinge so, wie man sich dies vorstellt.
Aber was für eine Befriedigung, wenn am Ende der Arbeit, ob nach 20 oder 120 Stunden, ein Möbel dasteht, von dem man behaupten kann, man hat sein Möglichstes getan, um es wieder zum Leben zu erwecken. Eigentlich sollte man nach einer Restaurierung nicht sehen, dass daran gearbeitet wurde.
Alles was in Richtung „… das sieht ja aus wie neu …" geht, ist nicht die Idee der Restaurierung. Konservierung, also Bewahrung des Vorgefundenen ist die Prämisse. Als freier Restaurator ist das museale Arbeiten aber nicht immer möglich, auch der Kunde möchte zufriedengestellt werden und sein Möbel gerne benutzen. Der Gedanke der Nachhaltigkeit, Möbel, die mehrere Jahrhunderte überlebt haben, in die ein Meister seines Fachs alles hineingelegt und hineingearbeitet hat, was ihm möglich war, zu erhalten, treibt den Restaurator an. Und dies ist seine Aufgabe.

Inhaltsverzeichnis

Die Philosophie der Restaurierung

Das Wort Restaurierung stammt aus dem Lateinischen (restaurare = wiederherstellen). Die Restaurierungsarbeit eines freiberuflichen Restaurators hat drei Schwerpunkte zusammenzuführen.

Er muss den Willen des Kunden soweit als möglich erfüllen.

Er muss der Aufgabe als Erhalter von Kulturgut, nichts anderes ist ein Restaurator, gerecht werden.

Er muss die Arbeit in einem reellen Preisgefüge ausführen.

Diese Positionen muss der Restaurator möglichst sensibel und ausgleichend zusammenführen und den Kundenauftrag möglichst umfassend erfüllen. Oft jedoch ergibt sich ein nahezu unüberwindbarer Spagat zwischen diesen einzelnen Positionen, was dazu führen kann, dass der Auftrag nicht erteilt wird. In jedem Kundengespräch sollte es die Aufgabe sein, die Vor- und Nachteile der Arbeit an dem Möbel aufzuzeigen und dem Kunden Raum zu geben, selbst die Entscheidung zu treffen.

Die Kenntnisse über die Materialien, die Möglichkeit diese Arbeitstechniken zu beherrschen, das Wissen über die Geschichte dieser Objekte, über die Zeitgeschichte und die Moden der damaligen Zeit sind Grundvoraussetzung für diesen Beruf.

Der Restaurator hat nicht die Aufgabe, ein „neues" Möbel zu fertigen, sondern er muss alle fachlichen Möglichkeiten ausschöpfen, das Objekt wieder in einen Zustand zu versetzen, der dem Originalzustand möglichst nahe kommt.

Eine vollständige Wiederherstellung des vermuteten Originals ist nahezu unmöglich, da jeder Eingriff in die Substanz eines Möbels bzw. Kunstobjektes eine Veränderung darstellt, die nicht der Originalität entspricht. Ein stetes Bemühen, diese vermeintliche Diskrepanz zu überwinden, zeichnet einen guten Restaurator aus.

Eine gute Restaurierungsarbeit zeichnet sich dadurch aus, dass man die ausgeführten Arbeiten kaum bemerkt. Der berühmte Kundenausruf bei Lieferung „… ist ja wie neu" ist eigentlich falsch, aber meist gut gemeint und schmeichelt dann doch dem Handwerker. Denn der Restaurator ist ein Handwerker, nichts anderes.

Mit den Händen Dinge zusammenzuführen und ihnen ihre ursprüngliche Funktion und Aussehen zu geben, ist die größte Motivation für diesen herrlichen Beruf.

Hier noch eine kleine Bemerkung, die aber sehr wichtig ist:

Man spricht von Restaurierung und nicht von Restauration.

Restauration bedeutet zwar auch Wiederherstellung, aber nur zum leiblichen Wohl. Bei Restauration spricht man also von Gaststätten oder Wirtshäusern. Das Wort Restaurant hat den selben Wortstamm.

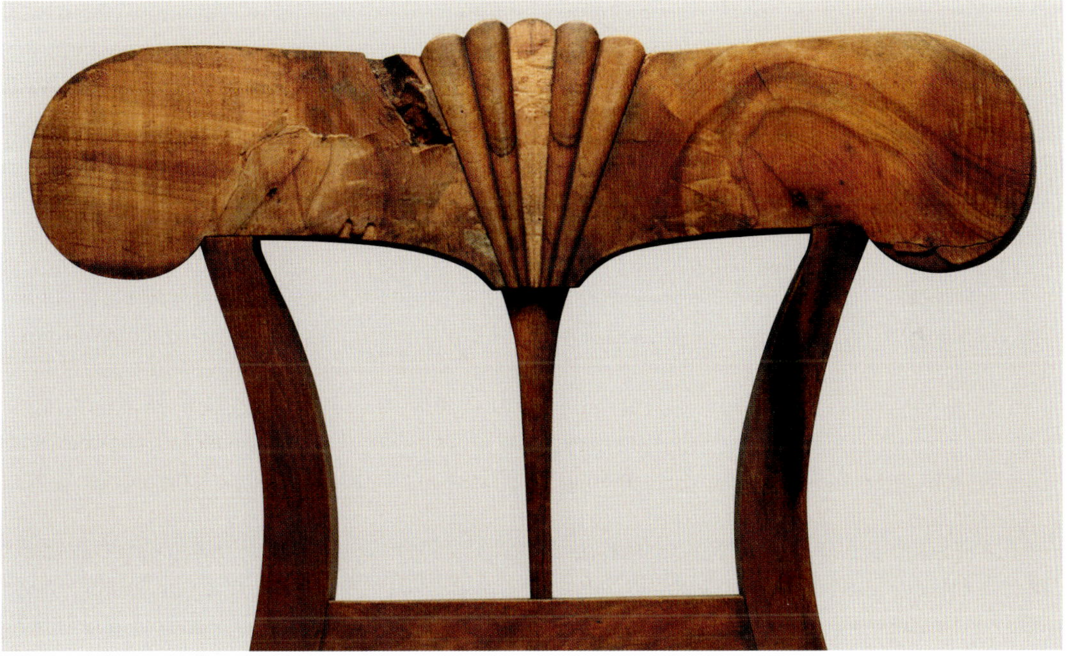

schaufelartig geformte Lehne eines Stuhles um 1800 in Nussbaum vor der Restaurierung

Was darf die Restaurierung?

Ein kleiner philosophischer Ausflug

Prof. Dr. Thomas Brachert, Restaurator, Schreiner und ehemaliger Leiter des Instituts für Kunsttechnik und Konservierung am Germanischen Nationalmuseum Nürnberg, schreibt in seinem Buch *Patina Von Nutzen und Nachteil der Restaurierung, Callwey Verlag 1985 (ISBN 978-3-7667-0778-9)* „[...] jeder muss die Tatsache erfahren, der sich an die letztlich unlösbare Arbeit macht, ein zerstörtes Kunstwerk wiederherzustellen. Überall dort, wo man mit der eigenen Phantasie das Werk des alten Meisters zu ergänzen versuchen muss, stößt man auf das Paradoxon, dass man sich, je näher man der Vollendung kommt, desto weiter vom Kunstwerk entfernt. Solange die Phantasie noch freies Spiel hat und hier und da zurechtrücken kann, mag es angehen. Sobald das Auge aber durch die Entscheidung für eine ganz bestimmte Ergänzung festgelegt wird, kann sich das Gefühl eines unerlaubten Eingriffs bis zur Unerträglichkeit steigern. Man versteht dann diejenigen, die ein antikes Kunstwerk weder von Michelangelo, noch von Bernini, [...], ganz zu schweigen von einem modernen, in der abstrakten Kunst geübten Bildhauer ergänzt sehen wollen."

An anderer Stelle heißt es: „Der pflegliche Umgang mit Kunstgegenständen wird aber in der Tat nun einmal auch ganz wesentlich über das Bewusstsein ihres höheren Wertes stimuliert, weshalb man nun ein Roentgen-Möbel, das die Preisschwelle von einer Million überschritten hat, wohl nicht mehr bedenkenlos dem erstbesten Schreiner überlässt." Weiter: „Das freilich sollte auch hier nicht darüber hinwegtäuschen, dass z. B. selbst noch die kostbaren Stradivari-Geigen als hochgeschätzte Sammlerstücke zugleich ihre Eigenschaft als Gebrauchsgegenstände bewahrten und deshalb auch fast alle zu Beginn des 19. Jh.s noch rigoros und ohne des musealen Gedankens Blässe durch Umbau den veränderten klanglichen Bedingungen des bürgerlichen Konzertsaales angepasst wurden."

Dies beschreibt sehr konkret die Diskrepanz eines freien und selbstständigen Restaurators auf dem freien Kunstmarkt.

> Was kann ich machen und was darf ich machen?
>
> Wie weit darf ich in dem konkreten Fall gehen?
>
> Was kann ich dem Kunden zumuten, was muss ich ihm zumuten?

Der oben stehende Text würde in aller Konsequenz heißen, z. B. ein weiß lackiertes Barockmöbel muss, um im historischen Kontext zu bleiben, die alle Marketerien abdeckende Farbe behalten und verlöre somit völlig den vom Erschaffer gewünschten Eindruck.

Ein kleiner Nebenexkurs: In den letzten Jahrzehnten kam es immer wieder zu der Situation, dass Kunden seit langem ein Möbel „von der Großmutter" in der Familie hatten, das weiß oder in einer anderen Farbe lackiert war, aber durch eine ausgefallene Form auffiel. Irgendwann wurde entschieden einen Fachmann zu kontaktieren, und dort wurde dann festgestellt, es handle sich um eine Barockkommode, die in der Kriegs- und Nachkriegszeit gerne in der Farbe von Küchenmöbeln lackiert wurden, um sie so vor der Plünderung durch Soldaten zu retten.

Aus musealer und konservatorischer Sicht, zugegeben auf die Spitze getrieben, dürfte konsequenterweise die „zudeckende" Farbschicht nicht abgenommen werden. Selbst in den Instituten und Museen steht man hier vor einem klassischen Dilemma und es wird sicherlich darüber diskutiert, was zu tun sei.

Dem privaten Kunden ist solch eine Diskussion kaum zuzumuten. Er möchte sicherlich das ursprüngliche Erscheinungsbild sehen und sich dessen nach so langer Zeit freuen. Dass bei solchen Restaurierungsmaßnahmen historische Substanz verloren geht, liegt auf der Hand.

Aber es gibt technische und restauratorische Möglichkeiten, sich dem Originalzustand anzunähern. Ob der Kunde diese sehr aufwendige Maßnahme bezahlen will, steht auf einem anderen Blatt.

Diese Gedanken und Überlegungen begleiten einen Restaurator täglich und er muss nahezu jeden Handgriff danach ausrichten. Allein den Kunden mit in diese Herangehensweise und Gedankenspiele miteinzuschließen bringt einen der „wahren" Restaurierung näher.

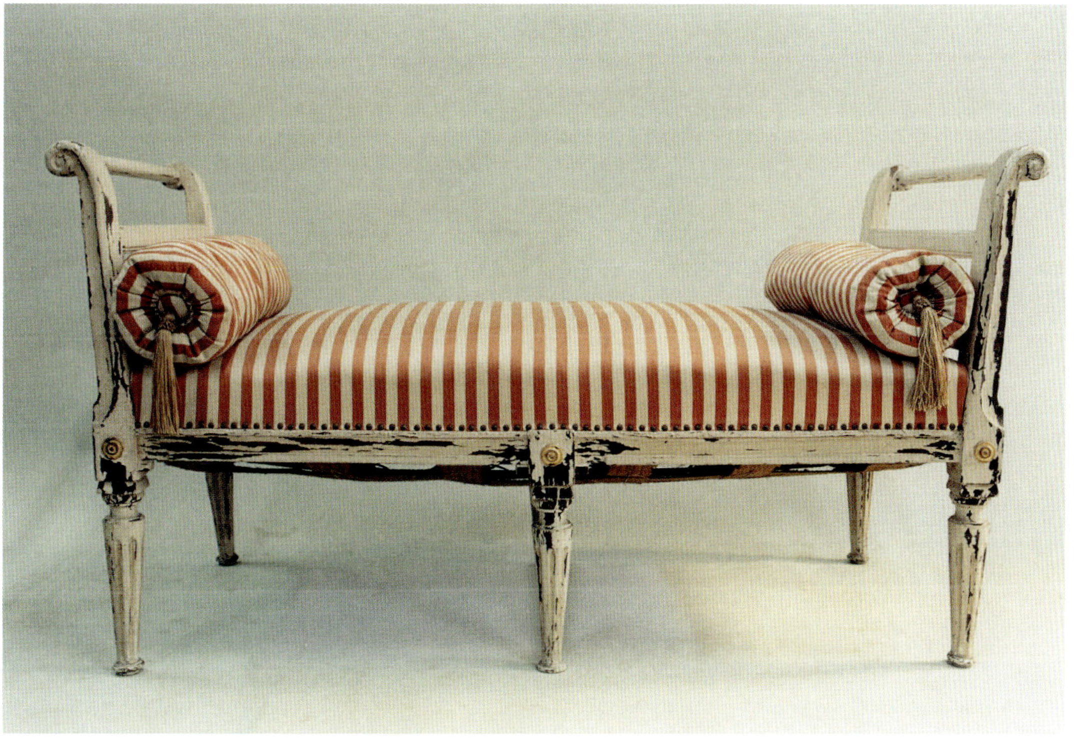

Récamière, um 1800, Eiche monochrom gefasst

Streng genommen darf man als Restaurator an so einem Möbel wie dem hier abgebildeten nichts machen, nur den Bestand konservieren. Das wird aber mit den meisten Kunden schwierig.

Möbel

Das Wort Möbel ist aus dem Lateinischen *mobilis* (= beweglich) entstanden. Das französische *Meuble* hat den gleichen Ursprung. Es bezeichnet Gegenstände, die man tragen und mitnehmen konnte.
Seit der Mensch sesshaft geworden ist, hat er sich mit Dingen beschäftigt, damit er bequemer sitzen, liegen, essen oder arbeiten kann.
In den Höhlen saß man am Boden auf Fellen, dann, etwas bequemer, lag das Fell auf einem Stein, es folgten Konstruktionen aus Holz, ein Brett mit einem, zwei oder drei Beinen, dazu passende Tische, Betten.

„Der erste Nachweis eines Möbels stammt aus der Zeit um 1500/2000 v. Chr., hier handelt es sich um eine Kopfstütze. In der westlichen Welt vermutlich nie in Gebrauch. Mit der Wanderung des Menschen von Afrika aus verbreitete sich dieses leicht zu transportierende Möbel über Japan, Ozeanien, China bis nach Süd- und Nordamerika. Die ältesten bekannten Stücke sind über 3500/4000 Jahre alt und wurden von Jägern, Sammlern und Nomaden entwickelt. Heutige Funde zeigen Stützen aus Holz, gefärbtem Glas, Elfenbein und Alabaster. Im Sudan, Äthiopien, Somalia, Uganda und Kenia sind sie heute noch in Gebrauch." *(Sammlung Horn www. Sammlung-horn.de)*

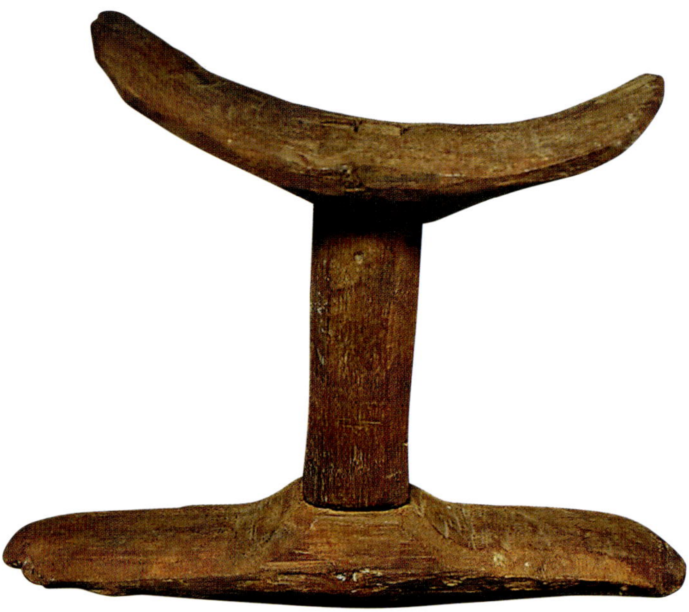

ägyptische Kopfstütze aus Holz, 20. Dynastie, 1186 bis 1076 v. Chr.

In Akrotiri auf Santorin gab es auch schon Hinweise auf erste Tischlereiarbeiten, die damals vermutlich von Zimmerern gefertigt wurden, zur damaligen Zeit gab es noch keine Unterscheidung zwischen Schreiner/Tischler und Zimmerer. Der Zimmerer fertigte alles, vom Dachstuhl bis zum Tisch und Bett.

Funde bei Grabungen in Ägypten ließen auf hochentwickelte Tischlereien für Throne, Tische und Liegen schließen. Aus dem Grabe Tut-anch-amuns um 1400 v. Chr. sind aufwendig gearbeitete Möbel, teils schon furniert, bekannt.
Im Neuen Museum in Berlin kann man diese Objekte bestaunen.

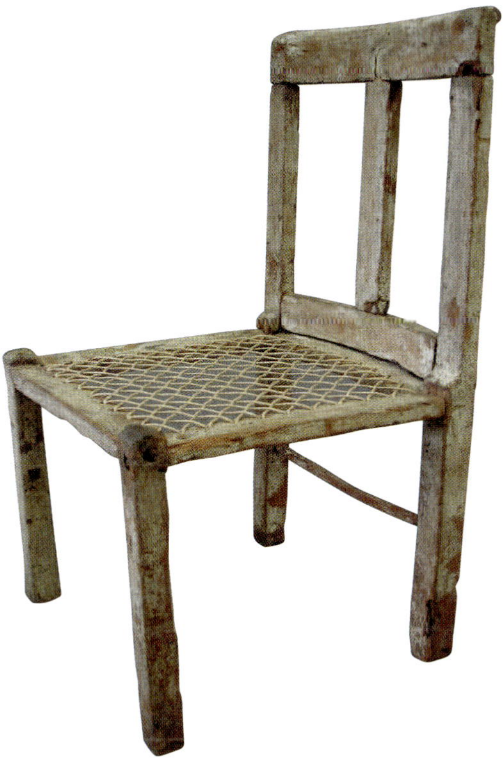

einfacher Holzstuhl mit Geflecht, verm. um 1400 v. Chr., 18. Dynastie

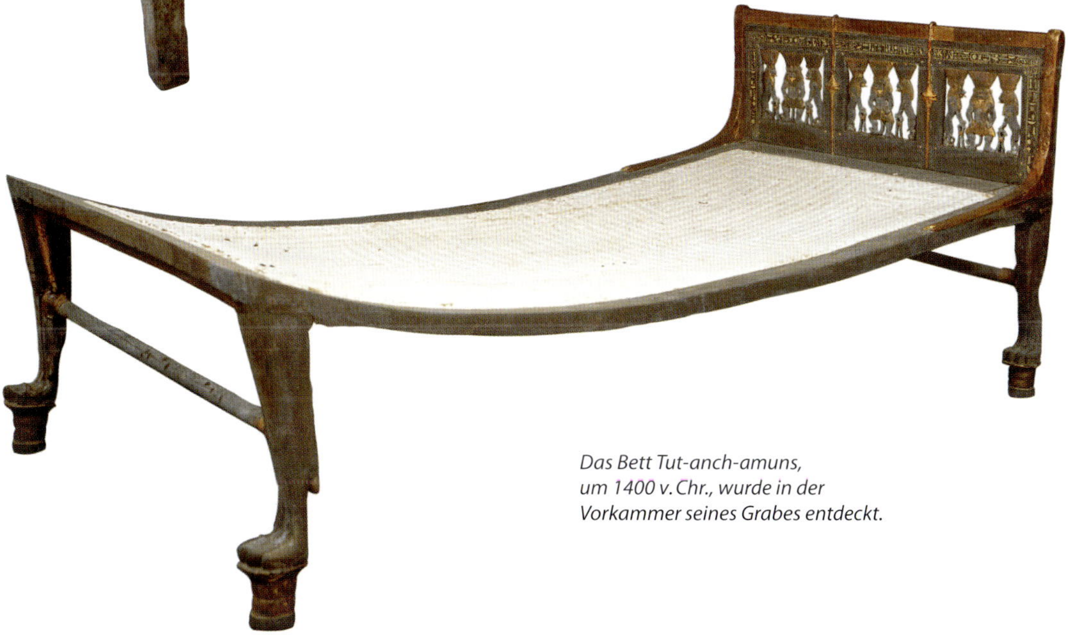

Das Bett Tut-anch-amuns, um 1400 v. Chr., wurde in der Vorkammer seines Grabes entdeckt.

Die Römer entwickelten das berühmteste Möbel der Zeit, die *Kline*, eine Art Bett, auf dem man liegen und essen und die Festgelage verbringen konnte.

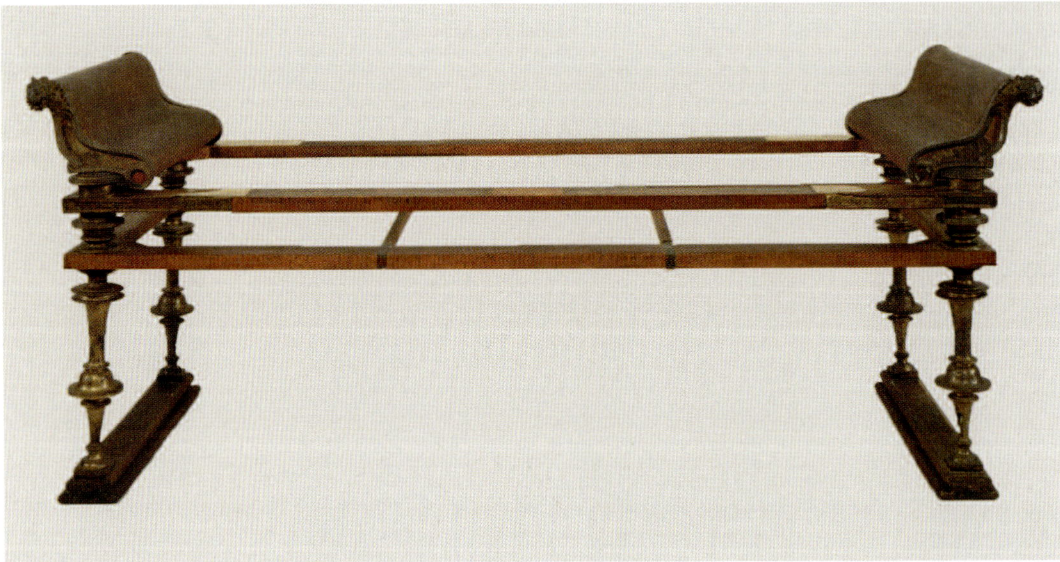

Rekonstruktion einer römischen Kline aus dem 1. Jh. v. Chr.

Die Rekonstruktion einer römischen Kline nach einem Fund 1907 in einem römischen Wrack, Mahdia, benannt nach dem Fundort vor der Küste Tunesiens. Das Lastenschiff war zwischen 100 und 80 v. Chr. auf dem Weg von Piräus nach Italien gesunken. Ein Schwammtaucher hat es dann 1907 entdeckt. Dieses Schiffswrack ist das erste Fundstück in der Unterwasserarchäologie.

Es entwickelte sich der Stuhlmacher, der Tischler/Schreiner baute folgend Tische, Betten und ab dem Mittelalter Truhen und noch später ab dem 15./16. Jh. Schränke und andere Möbel. Möbel sind immer ein Abbild der politischen Entwicklung, der sozialen Verhältnisse und der aktuellen Mode. Aber auch ein Spiegelbild der sozialen Stände, Einfluss, Macht, Reichtum. Möbel wurden immer aufwendiger gefertigt, filigraner, teurer, raffinierter, die Materialien vielfältiger, exotischer, luxuriöser.

Wurden im Mittelalter noch die Stühle, Tische und Betten aus heimischen Hölzern gefertigt, so verwendete man in den kommenden Jahrhunderten Materialien, die durch Handel und Reisen den Handwerkern zur Verfügung standen.

Die verwendeten Materialien waren oft ausnehmend teuer, besonders selten und somit wertvoll. Die „Stundensätze" eines damaligen Meisters waren aus heutiger Sicht nicht der Rede wert und der Zeitaufwand bei der Fertigung der Möbel nicht ausschlaggebend für den Herstellungspreis, vornehmlich das verwendete teure Material wie Furniere, Metalle, Lacke, Elfenbein usw. machten den Preis.

Die echten, qualitativ hochwertigen Antiquitäten, wie wir sie heute aus den Museen, von Händlern und Auktionen kennen, existieren deshalb noch, weil sie von Meistern ihres Fachs nach allen Regeln der Kunst hergestellt wurden und über all die Jahre und Jahrhunderte gepflegt wurden. Nachhaltigkeit war immer wichtig, Möbel wurden von Generation zu Generation vererbt und wie Augäpfel gehütet. Die zunehmende Mobilität und die veränderten Lebensumstände, das permanente Heizen und daraus folgend das trockene Raumklima in den Häusern und Wohnungen trugen zu den Schäden an den Möbeln bei.

Kleine Stilkunde

Ein kleiner Abriss der verschiedenen Möbelstile und Epochen der letzten 900 Jahre. Die Jahreszahlen sind nur eine ungefähre Angabe von Zeiträumen, da die einzelnen Epochen von Land zu Land unterschiedliche Zeitspannen abdecken.

Romanik *900–1200*

Gotik *1200–1480*

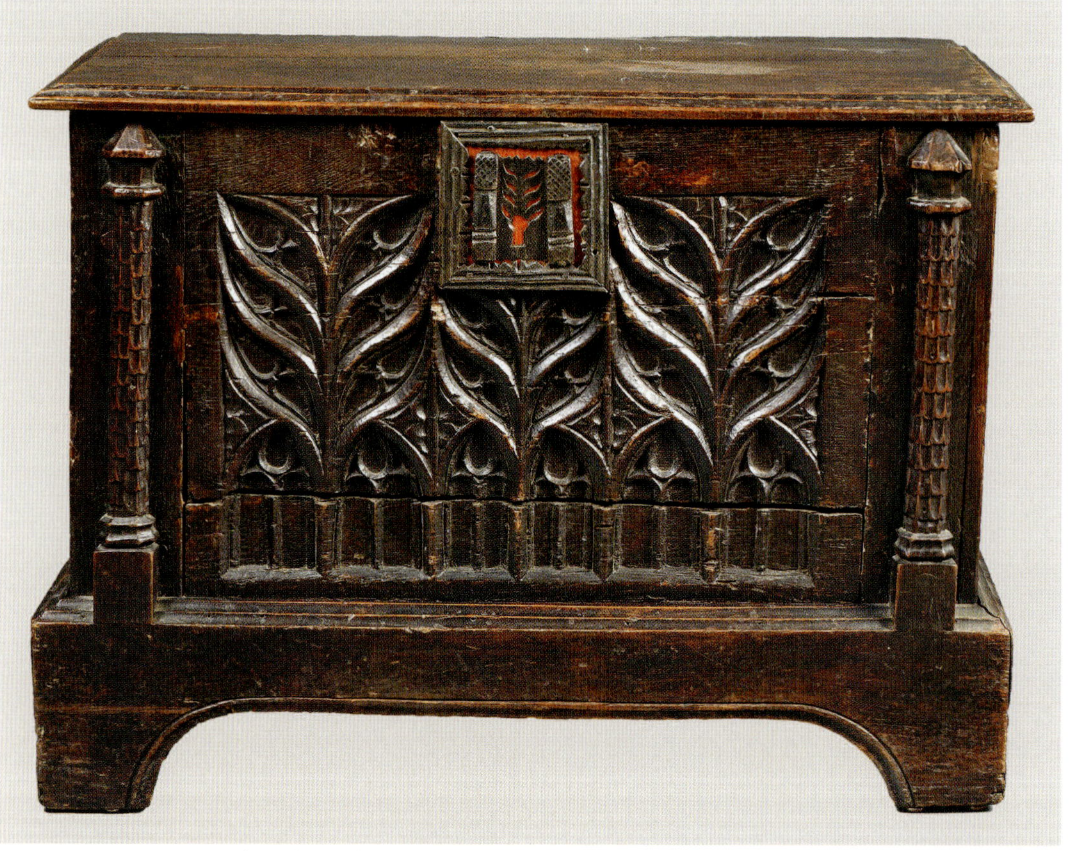

gotische Truhe 14. Jh., Eiche geschnitzt, Schmiedeeisen, 52 x 70 x 37,5 cm, gefasst

Gotik, zunächst von Vasari als abwertender Begriff verwandt, ab dem 19. Jh. Bezeichnung der Kunst und Architektur des 12. bis 15. Jh.s Die Möbel der Gotik weisen die Elemente der Architektur der Zeit auf. Einfache Grundform mit reichen Verzierungen und Flachreliefschnitzerei. Auch Fassungen wurden aufgebracht.

Renaissance *1480–1630*

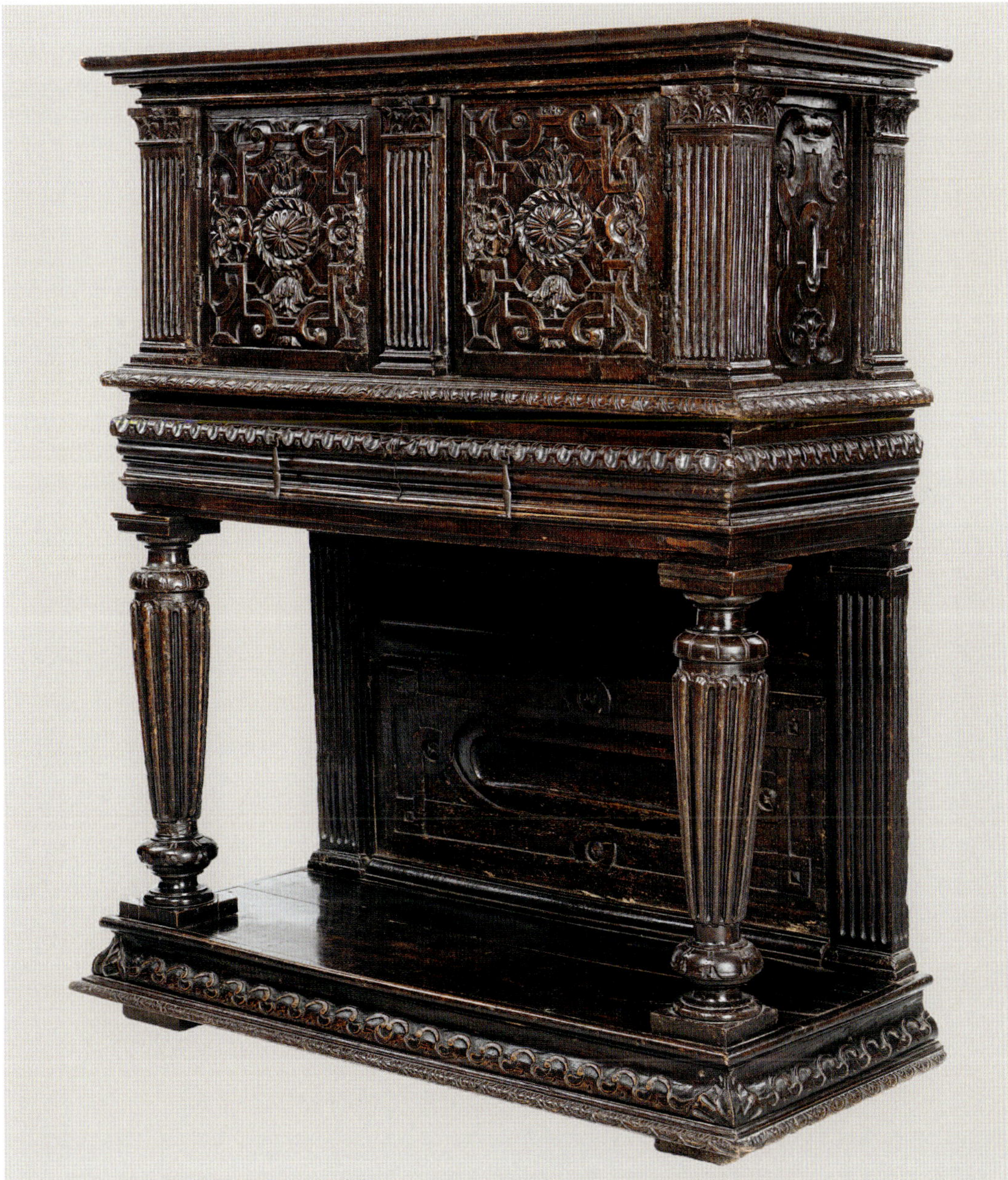

Renaissanceschrank Peter Flötner, ca. 1545

Die Möbel der Renaissance, *franz. Wiedergeburt,* verkörpern das kulturelle Aufleben der griechischen und römischen Antike im Europa des 14. bis 17. Jh.s.

Manierismus 1520–1610

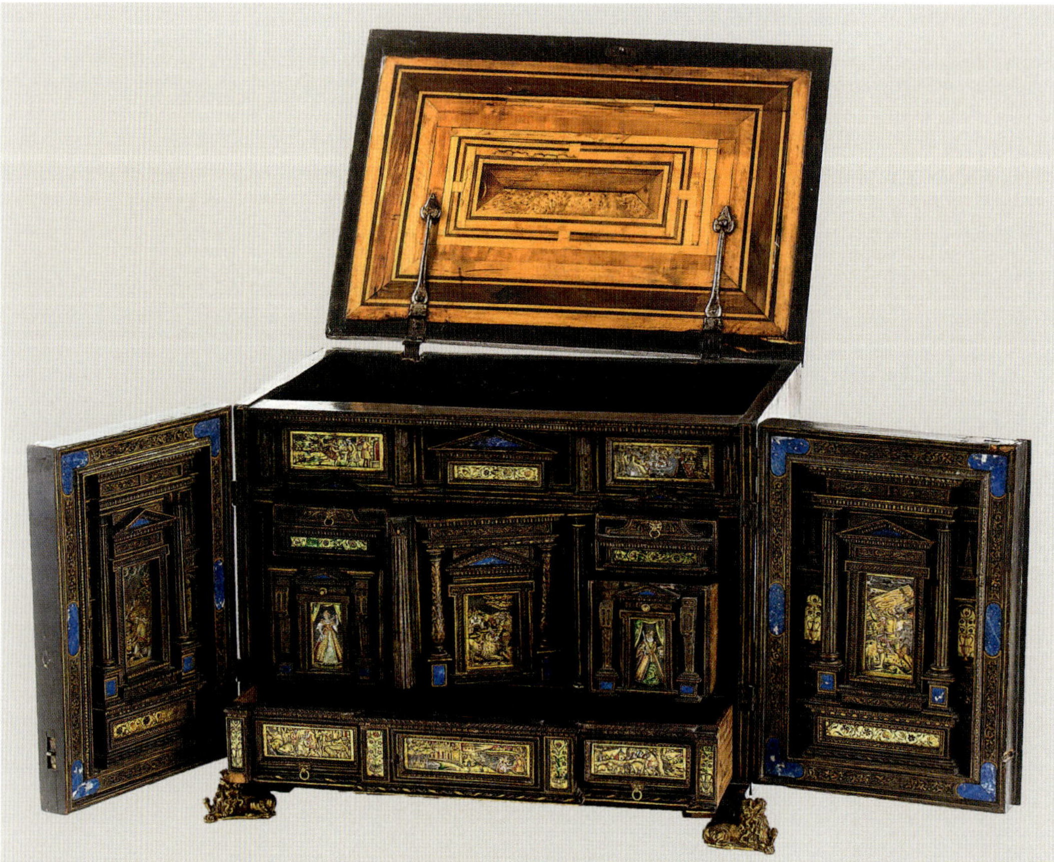

manieristisches Fassaden-Kabinettschränkchen mit Eglomisé-Bildern, Oberitalien um 1600, teils Nadelholzkorpus, furniert, ebonisiert, 2-türig aufklappbar, 1 Zentraltüre, 2 kleine und 2 größere Laden, darunter durchgehende Lade, in ädikularartigen (in Form eines Tempels) Rahmenfeldern fassadenförmig gestaltete Front mit floral stilisierter Ornamentmalerei und Lapislazuli-Steineinlagen, in den Feldern eglomiséartige Hinterglasbildchen, Darstellungen
Größe 43 x 37 x 32 cm

Als Manierismus *(ital. maniera Art und Weise, Stil, Manier)* wird eine kunsthistorische Epoche ungefähr zwischen 1520 und 1600 bezeichnet. Es wird auch als Spätform der Renaissance zum Übergang in den Barock bezeichnet. Ursprung in Italien mit Zentrum Florenz und Rom.

BAROCK *1630–1730*

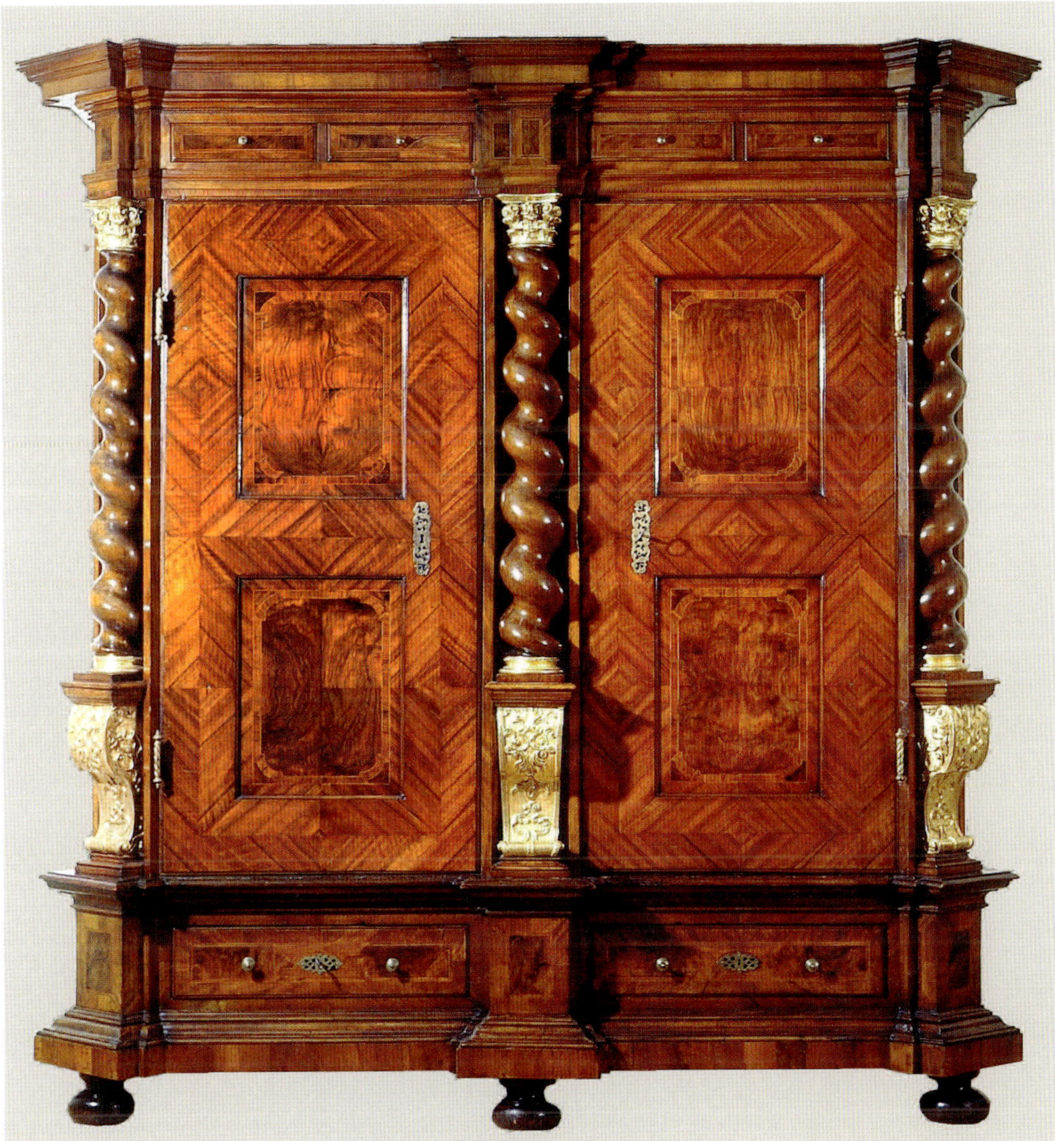

Barockschrank, Augsburger, um 1715

Für den Barockstil charakteristische Gestaltungselemente des Schrankes:

- architektonische Gliederung der Schrankfront, symmetrisch angeordnet und mit Säulenaufbau
- gequetschte Kugelfüße
- Nussbaumfurnier

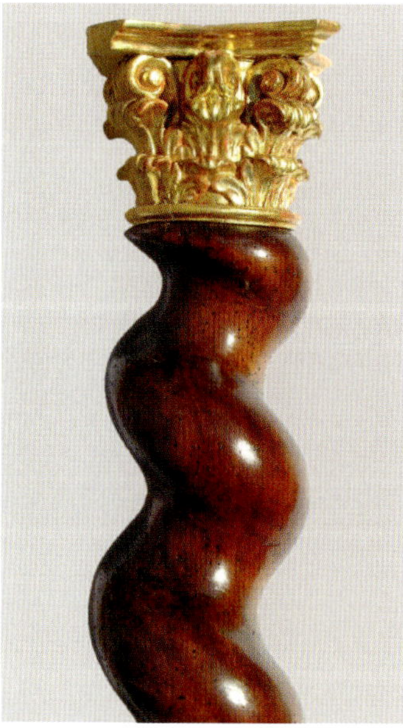

Säulen gewendelt, mit korithischen Kapitelen

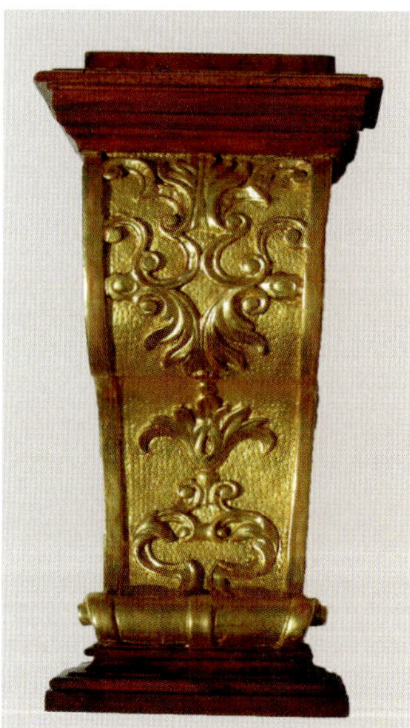

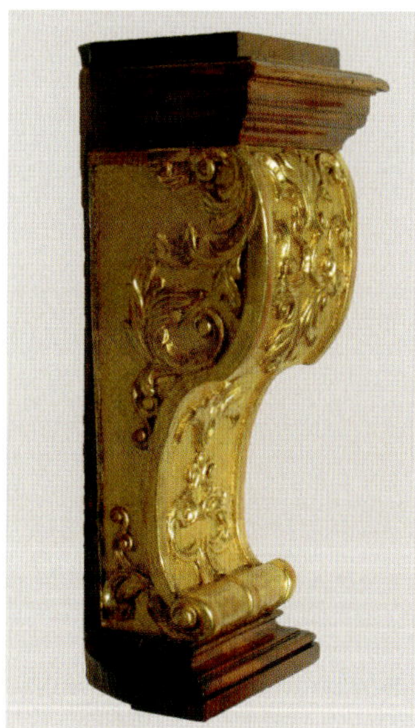

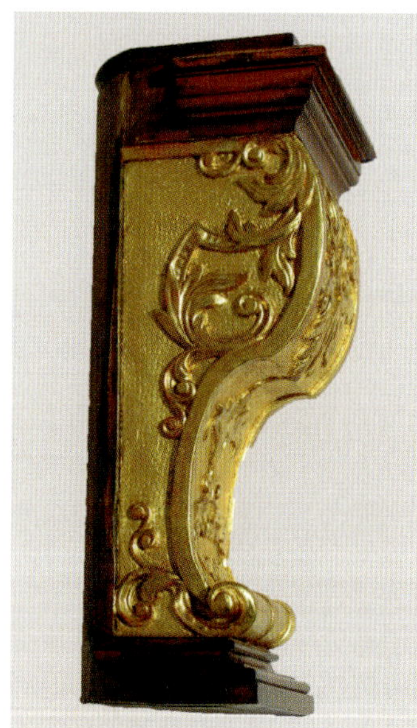

Bandelwerk an geschnitzten Sockelvoluten als auch marketiert in den Säulennischen Akanthusdekor

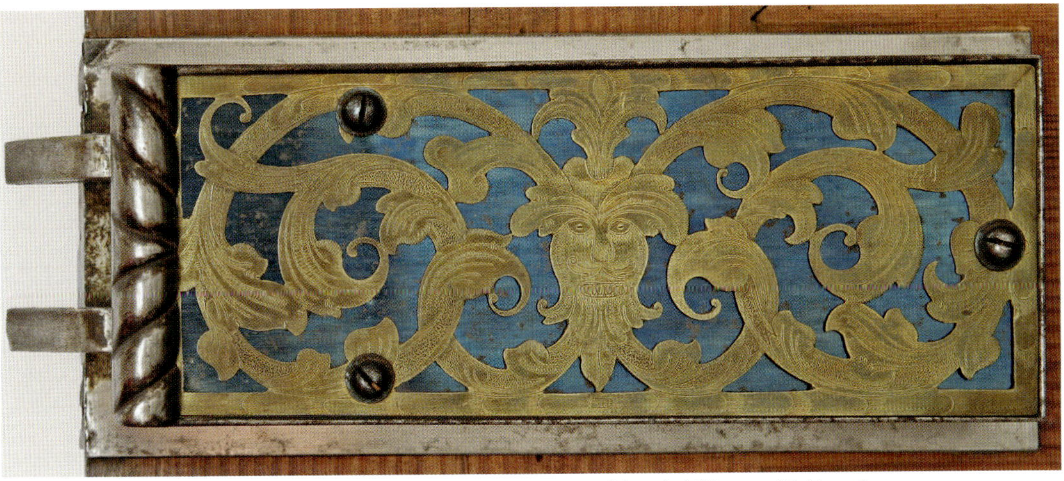

Akanthusdekor an den durchbrochen gearbeiteten Schlüsselschildern und Schlossplatten
Maskarons (stilisierte Maske) auf den Schlossplatten

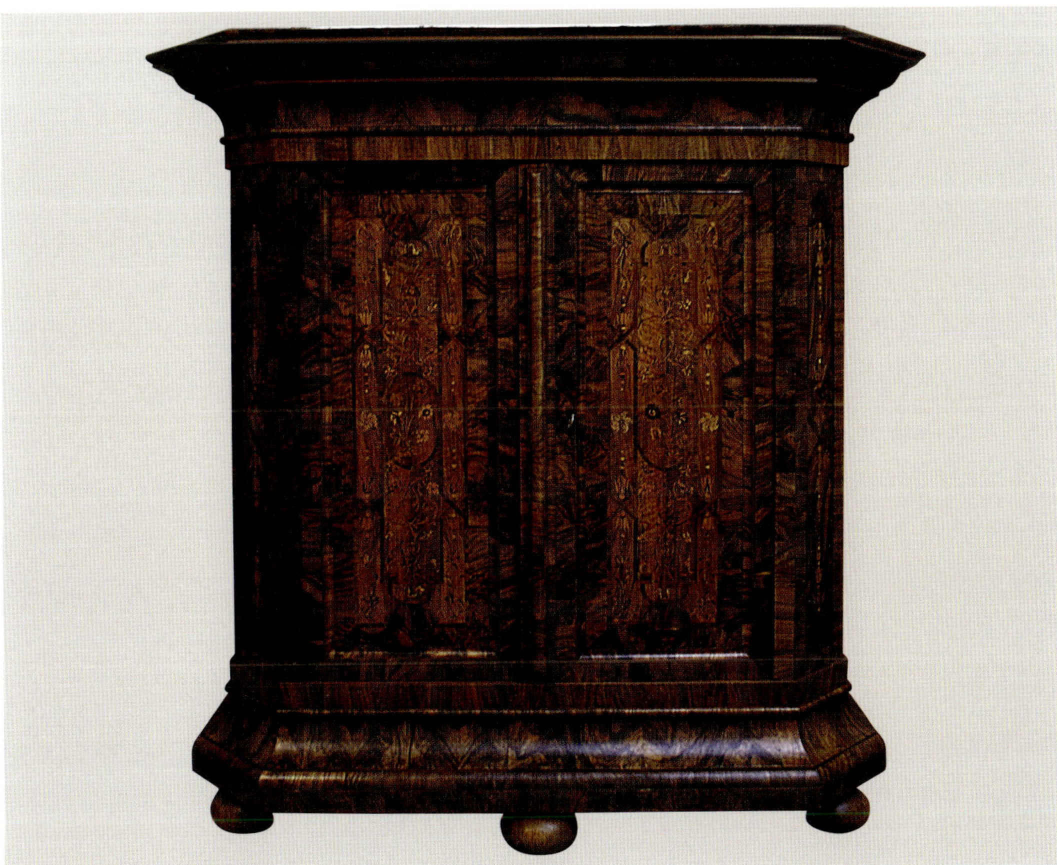

Barockschrank, 1722 für den Fürstbischof von Regensburg in Nussbaum gefertigt, vermutlich eine fränkische Meisterarbeit, Marketerie und Bandwerk in französischem Nussbaum, des weiteren Eibe, Zwetschge, Buchsbaum und Ebenholz

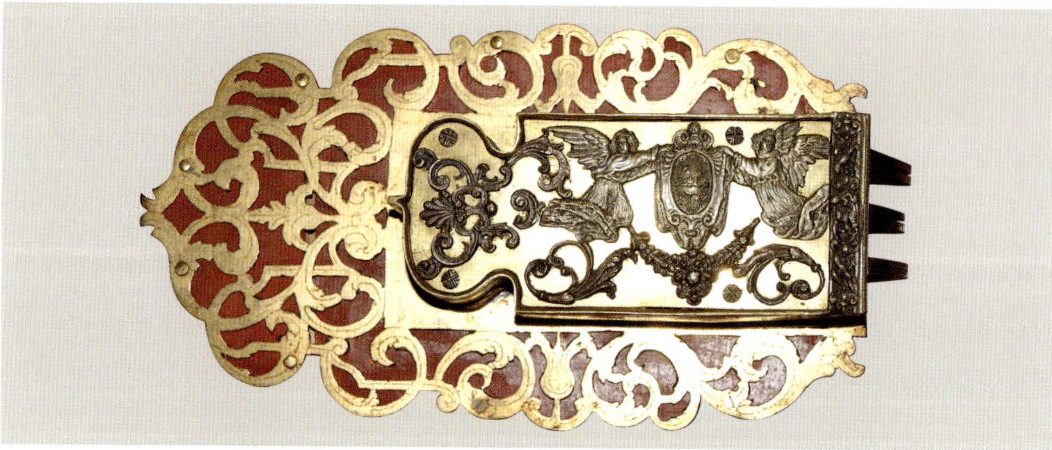

Beachtenswert ist das Kastenschloss mit feinster Ziselierarbeit und feuervergoldeter Oberfläche.

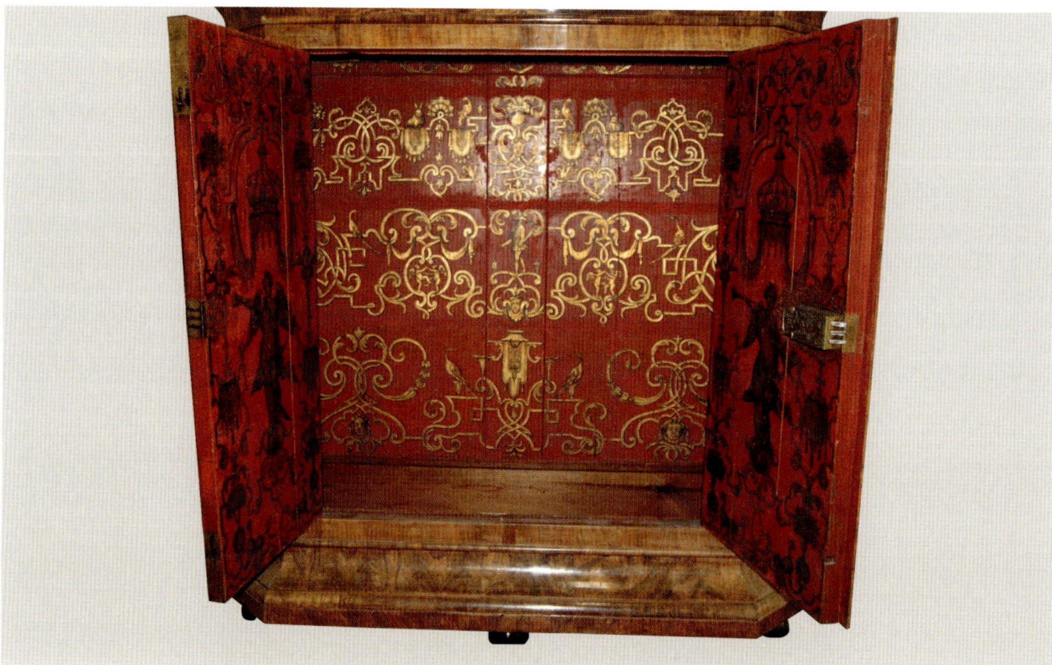

Das Interieur ist aufwendigst in der Ornamentmalerei des Jean Bérain (1678–1726) in Gold und Schwarzlotmalerei auf rotem Lackgrund gestaltet.

Das Wort *Barock* kommt aus den romanischen Sprachen, hat zunächst nur die allgemeine Bedeutung von „regelwidrig" bzw. „sonderbar", „dem guten Geschmack nicht entsprechend". Nur allmählich lösten barocke Stilformen die Renaissance ab. Es ist schwer zu sagen, zu welchen Zeiten der Barock die Renaissance ablöste, der Übergang war fließend.

Poliertes Holz gab das Spiel von Licht und Schatten wieder, Marketerien und Intarsien aus Elfenbein, Messing und Zinn waren Mode. Geschwungene Linien und gebauchte Flächen wurden typische Merkmale. Die künstlerische Ausfertigung stellte sich vor den Nutzen der Möbel.

Spätbarock/Rokoko *1730–1770*

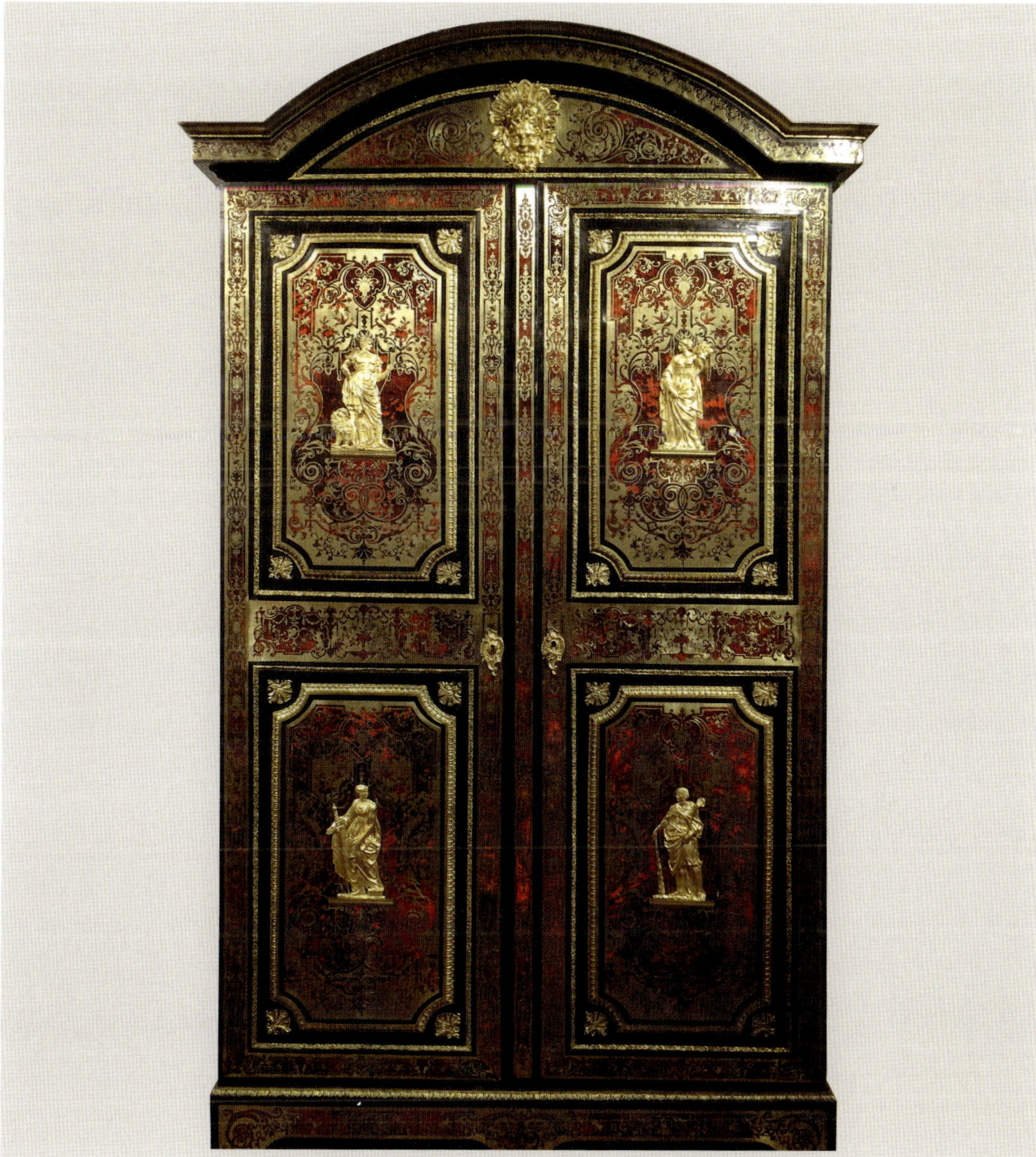

Armoire, Schrank, 1715, Philippe Sageot, Privatbesitz,
einmaliger Schrank, zweitürig, Boulle-Technik, sehr reich gearbeitet,
Schildpatt, Messing, Ebenholz,
überaus aufwendig gearbeitete Bronzeapplikationen,
der Wert einer Bronze um 1700 ca. 60 Louis d'or, der damalige Gegenwert eines Hauses in Paris

Die Bezeichnung für ein muschelförmiges, asymmetrisches Stilelement war „rocaille". Daraus wurde im 19. Jh. zum „style rocaille" die deutsche Bezeichnung Rokoko.

KLASSIZISMUS *1770–1800*

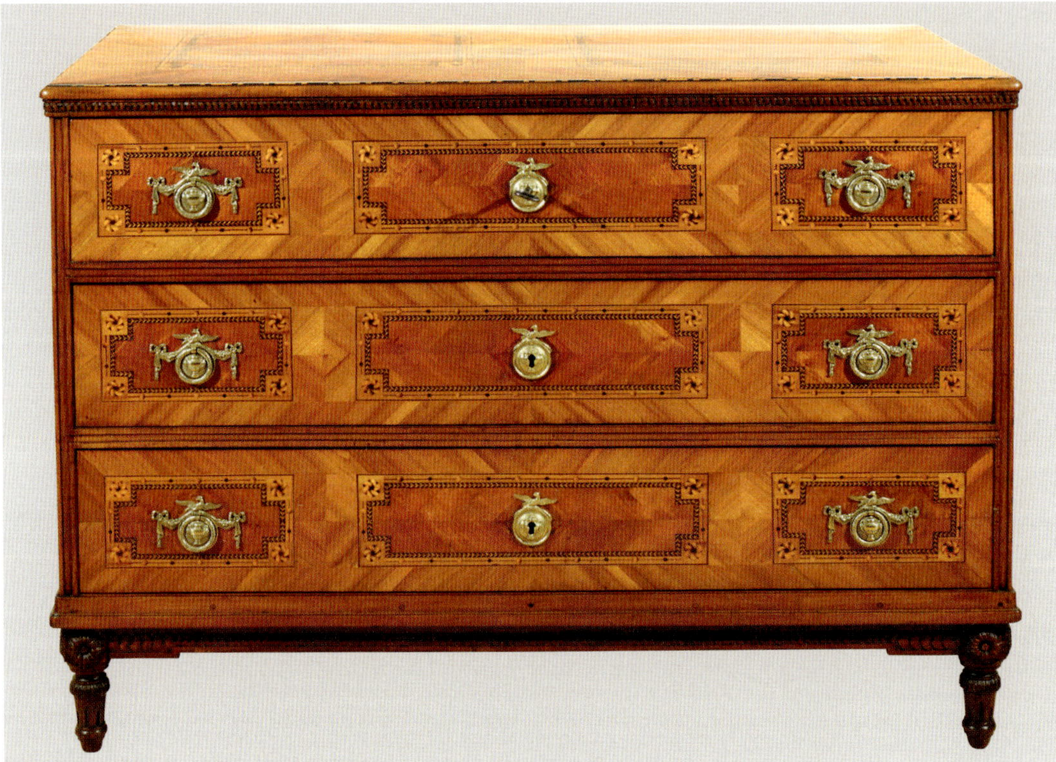

klassizistische Kommode, süddeutsch, um 1785

Gestaltung der Schubladenfronten, Seiten und Platten der Kommode mit gerahmten Furnierbildern (Innenfelder in Weißdorn, äußere Rahmung in Kirschholz jeweils schräg und doppelt spiegelbildlich angeordnet). Platten- und Sockelfries der Kommode mit einem massiv aus Birnenholz geschnitzten umlaufenden Zopfband. Kontrastreiche Plattenkante, abwechselnd aus Ebenholz und Ahorn. Akzentuierende Einfassung der Furnierbilder mit Winkelstab und Perlband aus Ahorn, Mooreiche und Amaranth zusammengesetzten Eckrosetten aus brandschattiertem Ahorn an den Furnierbildern. Geschnitzte Rosetten an den Beinen, Ehrenkranzmotive, Schleifchenbänder, Widderkopfvasen auf dem Beschlagwerk.

Die „Rückkehr zur Natur" war eine geistige Haltung dieser Zeit. Die klaren Formen der klassischen Antike dienten als Vorbild. Neben griechischen und römischen Motiven waren es auch ägyptische Motive, die den Kunsthandwerkern als Vorlagen dienten. Auch die jeweilige Funktion wurde gerne betont. Blütenranken, Ähren und Lorbeerzweige standen für die Hinwendung zum Natürlichen.
Die Verwendung von hellem Kirschholz ist für klassizistische Möbel im süddeutschen/österreichischen Raum typisch, in Norddeutschland und Frankreich waren im Klassizismus dunkle Hölzer, insbesondere Mahagoni, vorherrschend.

Biedermeier *1810–1848*

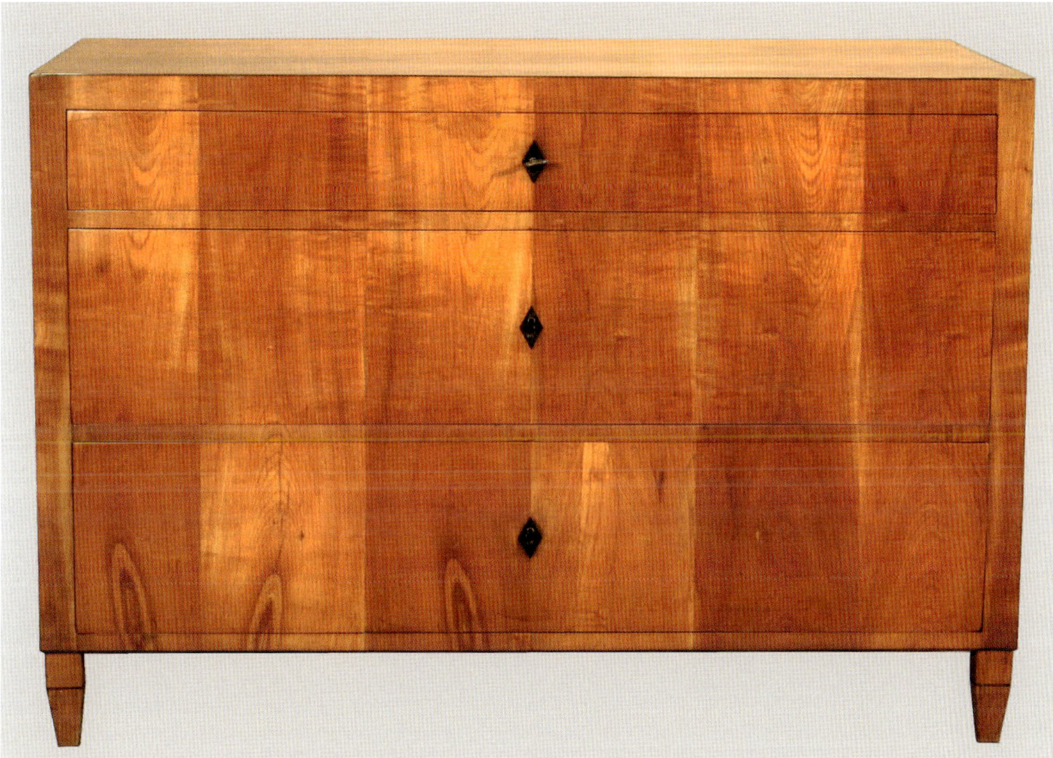

Biedermeierkommode, Hofschreinerei Daniel, München, um 1810

Kirschholzfurnier auf Nadelholz. Im Gegensatz zum Barock und Klassizismus werden keine gerahmten Furnierbilder mehr gestaltet, sondern das Furnierblatt wird durchgehend von oben nach unten und seitlich gespiegelt angeordnet, die Kommodenform ist auf das Funktionelle beschränkt und die Form wird mit abgesetzten Kanten aus Birnenholz akzentuiert. Auf Messingbeschläge wird bei diesem Beispiel in der extremen Form der Münchner Hofschreinerei Daniel komplett verzichtet, so dass die Maserung des Holzes allein die Kommodenoberfläche bestimmt.

Historismus/Gründerzeit *1848–1900*

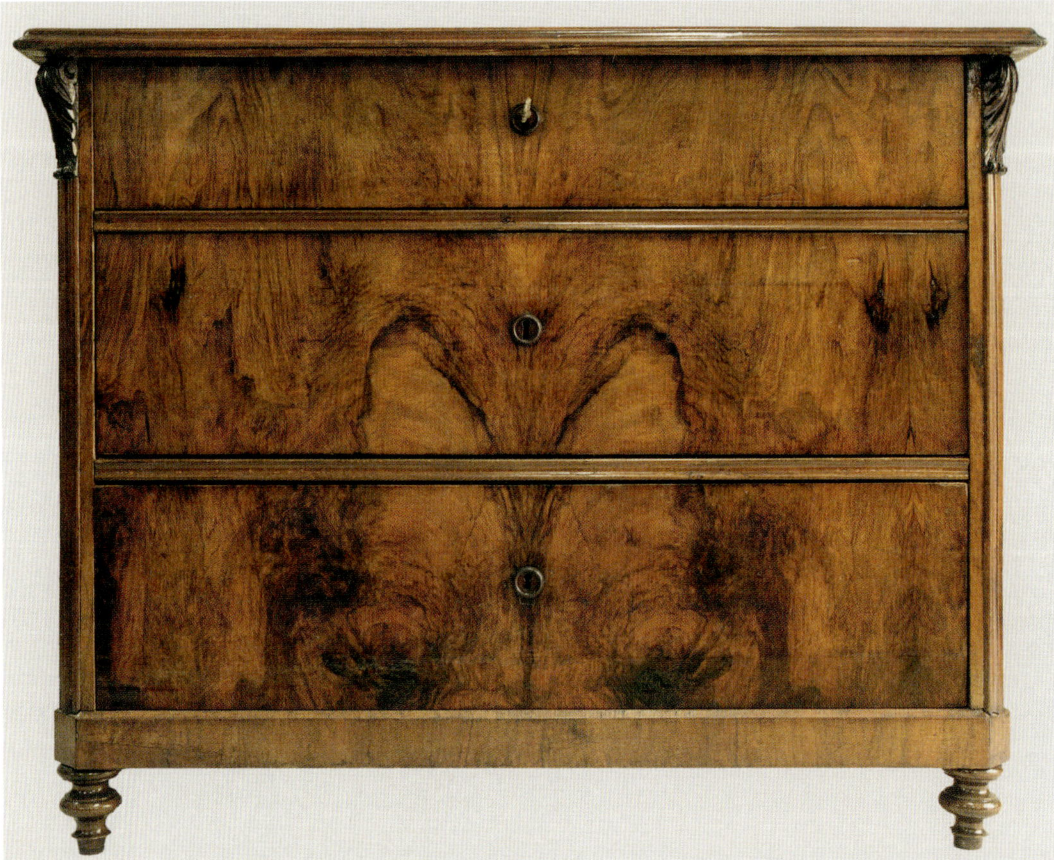

Kommode, Nussbaum, dreischübig, Süddeutschland um 1860

Nach dem Biedermeier kam der Rückgriff auf altbewährte Stile. Diese Zeitspanne wurde in der Literatur meist als „Historismus" bezeichnet. Die verschiedensten Stile wurden in Villenhaushalten gerne gemischt. Auch der orientalische Stil war wieder modern. Die Industrialisierung setzte sich durch und die Herstellung der Möbel wurde durch Maschinen erleichtert. Teure Zierformen wurden durch Pappmaché und vergoldeten Zinkguss ersetzt.

Moderne/Jugendstil 1900–1920

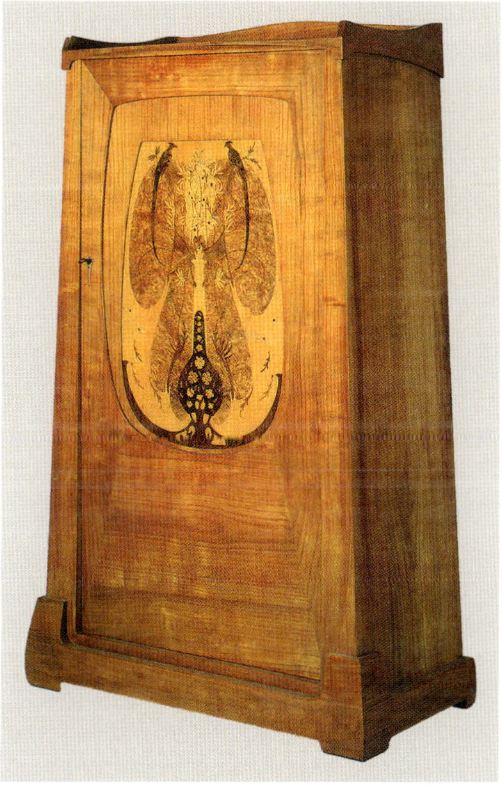

Das Ende des 19. Jh.s war geprägt von einer neuen Stilrichtung: Einfachheit statt pompöser Stil des Historismus. Der Stil vereinte Zweckmäßigkeit, Originalität und Logik in der Konstruktion. In Deutschland *Jugendstil*, in Österreich *Sezessionsstil* und in Frankreich *Art Nouveau* waren die unterschiedlichen Bezeichnungen der gleichen Richtung.

Cabinet-Vitrine Gustave Serruriere-Bovy 1899, Belgien

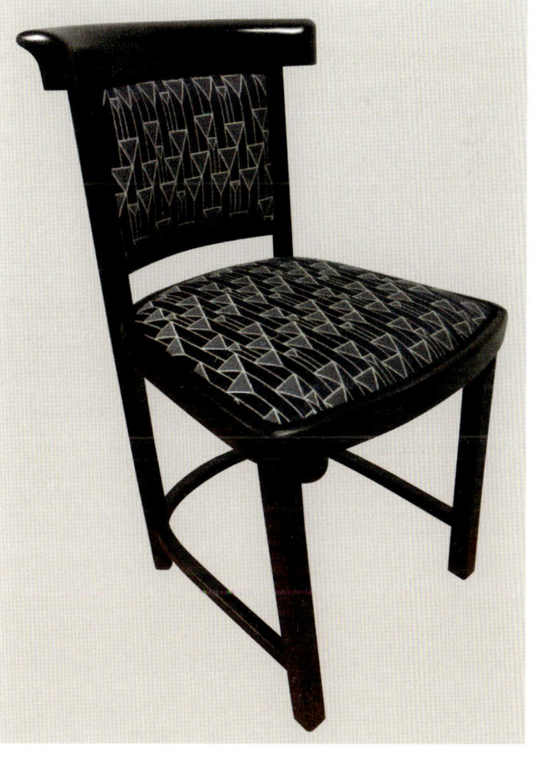

Cabaret Fledermaus Stuhl, Entwurf Josef Hoffmann, ca. 1905, hergestellt von Josef & Jacob Kohn, Stoff Wiener Werkstätten, Eiche , schwarz lackiert (Flohmarktfund, Naschmarkt Wien)

Art déco *1920–1938*

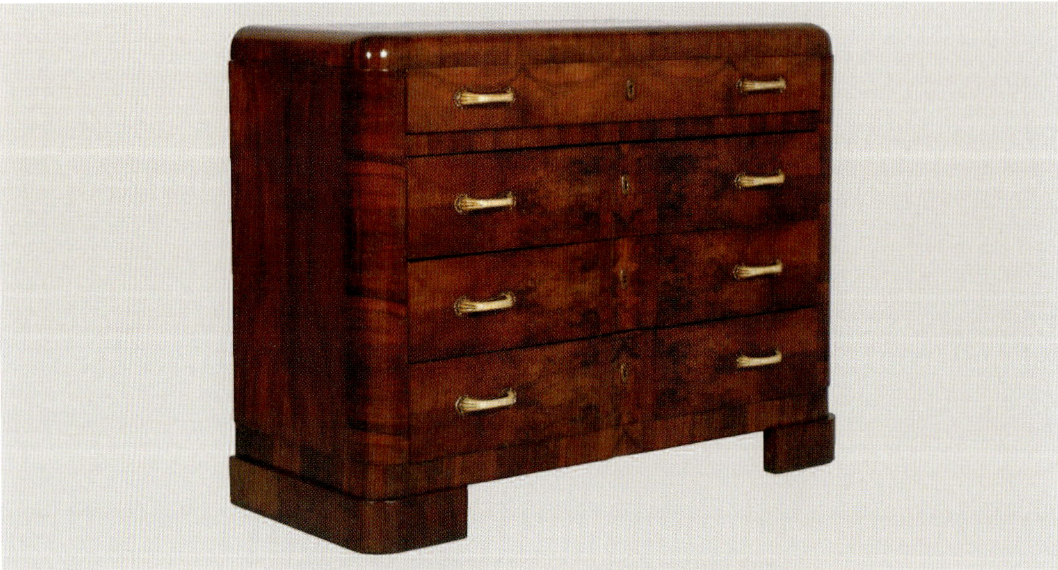

Schubladenkommode, Nussbaum, 1930, Gaetano Borsani

Art déco, franz. *art décoratif*, ist ein Stilbegriff, der auf die Formgebung in den Bereichen Architektur, Möbel, Mode, Schmuck und Gebrauchsgegenstände hinweist. Der Ursprung des Art déco findet sich in der Gründung der Wiener Werkstätten durch Josef Hoffmann und Koloman Moser. Diese wurden von C.R. Ashbee und C.R. Mackintosh beeinflusst.

Dem Art déco fehlt ein eindeutiges Stilmerkmal. Er wurde erst ab den 1960er Jahren zur Stilrichtung erklärt. Es wird als Entwicklung der klassischen Moderne gesehen und ist eine Verbindung von Eleganz der Form und Kostbarkeit der Materialien, Farbe und Sinnlichkeit.

Zeittafel Stilepochen in Europa

Zeitraum	Deutschland	Frankreich	England	Italien
900–1200	Romanik	Romanik	Romanik	Romanik
1200–1480	Gotik	Gotik	Gotik	Gotik
1480–1630	Renaissance 1520–1630	Renaissance 1510–1660 Louis XIII. 1620–1649	Tudor, Stuart, Cromwell 1570–1660	Renaissance 1400–1480
1630–1730	Barock 1630–1730	Louis XIV 1640–1730 Réggence 1700–1730	Queen Anne 1700–1715	Barock
1730–1770	Rokoko 1730–1780	Louis XV 1730–1770	Chippendale 1730–1770	Klassizismus
1770–1800	Kassizismus 1770–1850 Biedermeier 1815–1848	Louis XVI 1760–1789 Directoire 1795–1799 Empire 1804–1820	Adam-Style 1800–1820 Regency 1811–1820	
1840–1900	Historismus 1848–1900 Gründerzeit	Louis Philippe 1830–1848 Napoleon III 1870–1900	Victorian 1837–1901 Arts and Crafts ab 1850	
1900–1938	Moderne 1900–1920 Jugendstil	Art Nouveau 1900–1920 Art déco 1920–1938		

Holzarten

Holz ist ein nachwachsender Rohstoff und das Material, aus dem Möbel meist gebaut werden. Man unterscheidet zwischen Nadelhölzern und Laubhölzern. In Europa geht man von ca. 650 verschiedenen Nadelhölzern, von denen die meisten als Weichhölzer bezeichnet werden, aus. Man unterscheidet die Nadelhölzer in Gattungen und Familien: u.a. Tanne, Fichte, Kiefern, Zypressen und Eibengewächse.

Vornehmlich werden Nadelhölzer als Konstruktionsholz im Möbelbau verwendet. Vor allem bei furnierten Möbeln sind Nadelhölzer als Furnierträger in Verwendung. Auch die Seiten und Böden von Schubladen sind oft in Nadelholz gefertigt.
Des Weiteren gibt es Laubhölzer, bei denen der Botaniker von mehr als 60 Familien spricht. Laubholz wird auch meist als Hartholz bezeichnet. Man spricht von Buchengewächsen, dazu gehören Buchen, Eichen, Kastanien und viele mehr.
Eine andere Gruppe wird als Birkengewächse bezeichnet und dazu wiederum gehören Erlen, Hainbuchen und die Haselnuss.
Außerdem unterscheidet man zwischen Linden-, Ahorn-, Platanen-, Lorbeer- und Rosengewächsen. Weltweit schätzt man mehr als 60.000 Laubholzarten mit der Tendenz nach oben. Obwohl auch Laubhölzer als Konstruktionsholz genutzt werden, nutzen die Möbelmacher Laubhölzer sowohl als Massivholz als auch als Furnier.

Schon anhand der Holzauswahl lässt sich das Alter und die Provenienz des Möbels bestimmen. Die Tischler der unterschiedlichen Möbelstücke konnten oft aus Kosten- und Logistikgründen nur auf bestimmte Holzarten zurückgreifen.
War dies durch vermögende Finanziers nicht der Fall, so konnten die Künstler sehr teure tropische Holzarten aus Südamerika, Afrika und Asien verwenden.
Da der Transport der Rohware mit Schiffen oder Zügen geleistet werden musste, ist dies auch schon wieder ein Kriterium, die Zeit und den Ort der Herstellung eines Möbels zu bestimmen.

Hier eine Aufstellung der am meisten verwendeten Hölzer im europäischen Möbelbau:

Ahorn (acer platanoides)

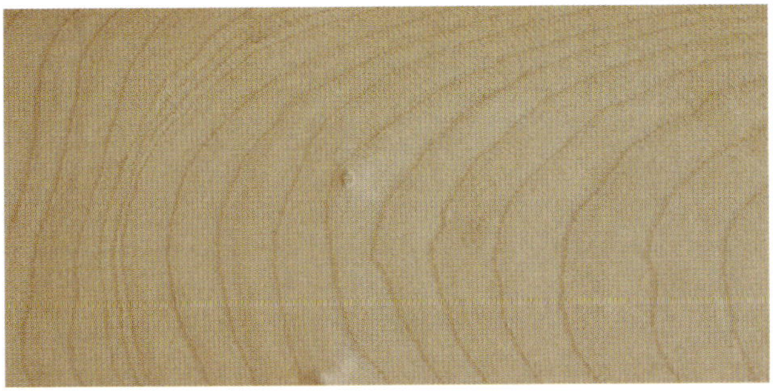

Laubholz, hart, hellgelb weiß, teilweise geriegelt, Bergahorn, Spitzahorn

Verwendung:
Tischplatten, Stuhlgestelle, Marketerien

Birke (Betula pendula)

Laubholz, ziemlich hart, hellweiß bis braun, wellenförmige Maserung, feine kompakte Struktur

Verwendung:
Tischplatten, gedämpftes Bugholz, Marketerie, Bandwerk

Eiche (quercus petraea, robur)

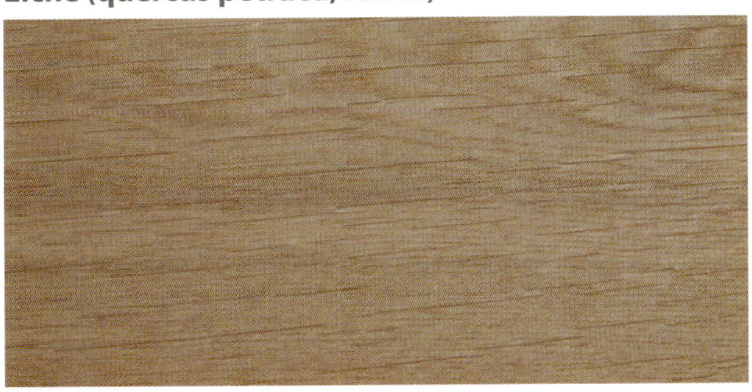

Laubholz, hart, gelbbraun bis grünlich, sehr hart

Verwendung:
Konstruktionsholz, Möbelkorpus, Schubladen, Laufleisten

Esche (fraxinus excelsior)

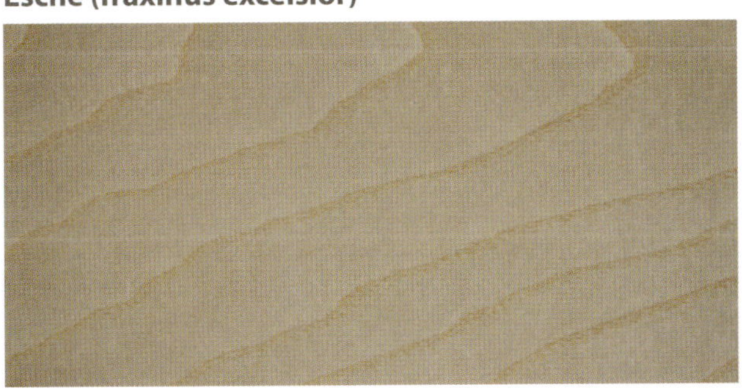

Hartholz, weiß bis rehbraun, elastisch, hart

Verwendung:
einfache rustikale Möbel, Gestellmacher, Stühle, Werkzeuge

Kirsche (prunus avium)

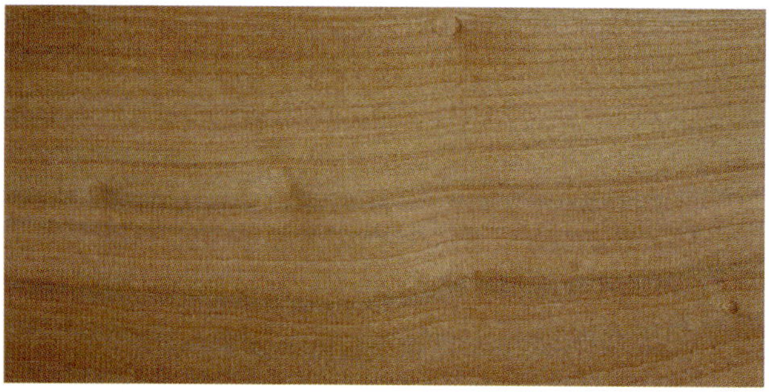

sog. Obstholz, Hartholz, cremefarbig bis rötlich bis dunkelbraun, sehr hart

Verwendung:
Möbelfurnier, massiv gebaute Möbel, Marketerie, poliert schöne Farbe

Nussbaum (junglas regia)

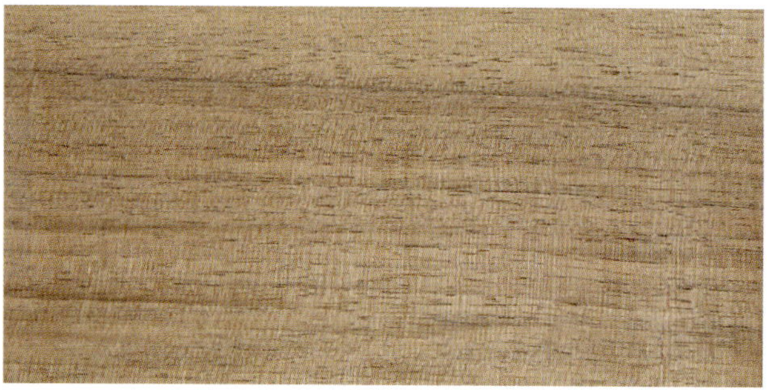

Hartholz, ziemlich hart, hellgrau bis golden dunkelbraun

Verwendung:
Möbelfurnier, massiv gebaute Möbel, Marketerie, poliert schöne Farbe

Mahagoni (swietenia mahagoni)

Tropenholz, hart, dunkelbraun bis orange-rötlich, das klassische Möbelholz 18. – 20. Jh.

Verwendung:
Möbelfurnier, massiv gebaute Möbel, Marketerie, sehr schön poliert, changierende Farbreflexionen

Pflaume oder Zwetschge (prunus domestica)

Obstholz, sehr hart, schwer zu bearbeiten, rötlich-braun bis violett-lila mit gelblichen Einschlüssen

Verwendung:
Möbelfurnier, klassisches Bandwerk des Barock und Rokoko

Nussbaumwurzelmaser

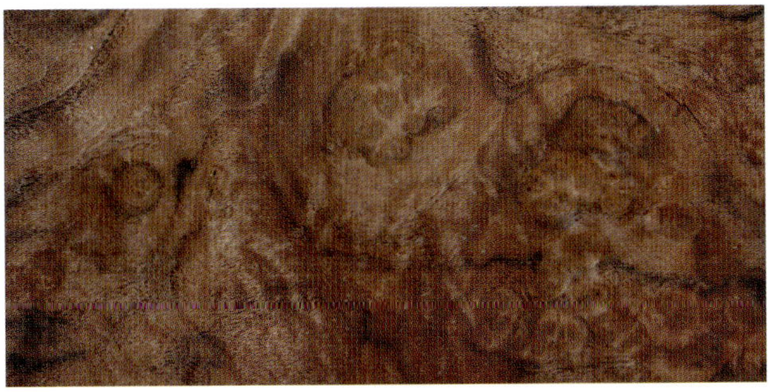

aus der Wurzel des Nussbaums bzw. Wucherung, nur als Furnier zu verarbeiten, braun bis rötlich-braunschwarz, schwarze Inseln

Verwendung:
klassisches Möbelfurnier, Barock, Biedermeier, Art déco, Füllungen bei Türen und Klappen, auch teils ganze Korpi, poliert tolles changierendes Farbenspiel

Vogelaugenahorn (acer saccrum)

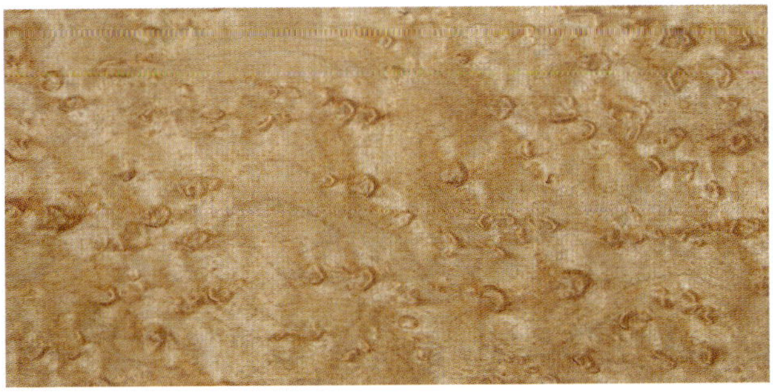

Fehlwuchs im Kambium des Zuckerahorns, allein als Furnier zu verwenden, punktförmige, vogelaugenförmige Struktur, hell, weißlich bis gelblich-hellcremig

Verwendung:
Möbelfurnier, Füllungen in Türen und Klappen, Stuhlapplikationen, vornehmlich Möbel des 19. und 20. Jh.s

Birkenmaser (betula pendula)

Die Maserung entsteht durch Rindeneinschlüsse, ausgelöst durch Virusinfektionen. Nur als Furnier verwendbar, weiß-sandfarben bis ockerfarben, dunkle Einschlüsse, changierend

Verwendung:
Furnier im Möbelbau des 18. – 20. Jh.s Marketerien, aber auch flächig poliert samtiges, changierendes Bild, Wurzelknollen werden auch beim Drechseln verwendet

Ceylon-Ebenholz (diospyros ebenum)

Hartholz/Laubholz, sehr hart, sehr selten noch zu kaufen, seit 1994 auf der Roten Liste, tiefschwarz, evtl. graue Einschlüsse

Verwendung:
Massiv und Furnier für Möbel, Instrumente, Werkzeuge, Griffe, Marketerien, Bandwerk, wird nach Gewicht gehandelt, Möbelbau des 16.–20. Jh.s

Buche (fagus sylvatica)

Hartholz, Europa und Amerika, rötlich, helles Ocker bis grau-sandfarben, dunkelrot-braune Einschlüsse, Markstrahlen (kleine grau-braune Punkte)

Verwendung:
Konstruktionsholz im Möbelbau, Bugholz, Möbel und Stühle, kann gedämpft gebogen werden, mehrseitig verwendbar

Fichte (picea abies)

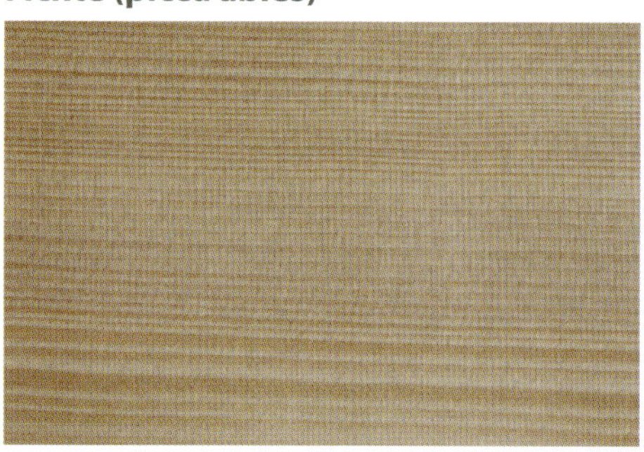

Nadelholz, leicht, Europa, Nordamerika, Asien, weißlich, gelb-weißlich bis gelb-braun, meist astfrei (Stockholz) gerade gewachsen

Verwendung:
Konstruktionsholz im Möbelbau, wächst sehr schnell, langsam gewachsenes Holz aus hoch gelegenem Anbau hochwertiger

Kiefer (pinus sylvestris)

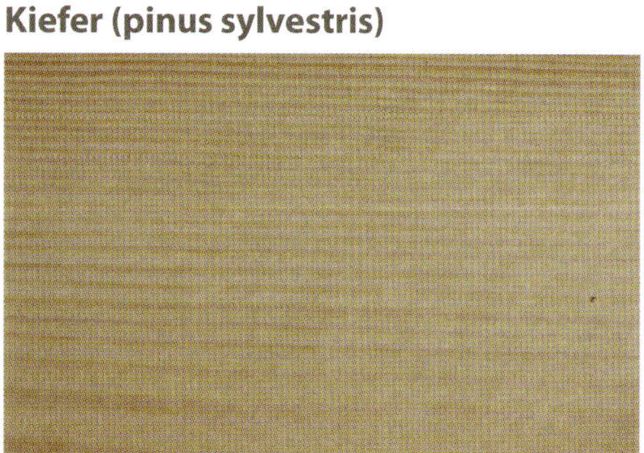

Nadelholz, leicht, Eurasien, Nordamerika, leicht orangefarben, streifige Struktur, angenehmer Geruch, eingewachsene Äste

Verwendung:
Konstruktionsholz, wächst sehr schnell, geringe Standfestigkeit

Holz und seine Eigenschaften

Seit Jahrtausenden fertigt der Mensch aus Holz Möbel und verfeinert die Konstruktionen und Techniken, um das „Arbeiten" des Holzes in den Griff zu bekommen.
Als Arbeiten wird die Eigenschaft des Holzes bezeichnet, hygroskopische Verhaltensweisen zu zeigen, wie im Kapitel Schadensbilder beschrieben. Hygroskopisch heißt hier, Holz nimmt Feuchtigkeit aus der Umgebungsluft auf und gibt Feuchtigkeit an die Umgebung ab.
Ein Baum wird gefällt, je nach Jahreszeit und Standort hat das Holz eine Holzfeuchte von mehr als 30%, d.h. der Werkstoff Holz hat tatsächlich mehr als 30% Wasser im Laufe des Wachstums in sich aufgenommen, um seine Struktur und die Blätter mit dem wichtigen Stoff zu versorgen.
Das Ziel einer guten und vorausschauenden Behandlung des gefällten Stammes ist, den einsetzenden Trocknungsprozess möglichst langsam und gleichmäßig durchzuführen.

Der Stamm wird fachgerecht aufgeschnitten und zum Trocknen gelagert. Die optimale Holzfeuchte z.B. eines Brettes im Möbelbau liegt bei 11–13%. Natürlich spielen ökonomische Faktoren eine Rolle, je schneller und besser die Schnittware trocknet, umso mehr Gewinn ist aus dem Stamm zu holen. Daher wurden in den vergangenen Jahrzehnten Trocknungsanlagen entwickelt, um den Vorgang zu beschleunigen und in relativ kurzer Zeit sehr gute bis gute Ware verkaufen zu können.
In früheren Zeiten wurde das Möbelholz oft Jahre gelagert, umgeschichtet und immer wieder auf Qualität geprüft und nur aus dem besten Material wurden Möbel gebaut und Furniere geschnitten. Holz und andere im Möbelbau verwendete Materialien waren teuer und mussten teils von sehr weit herangeschafft werden. Je näher ein Lieferant lag, umso günstiger konnte der Möbeltischler einkaufen (siehe „Andere Materialien").

Durch die natürliche Struktur des Holzes ergibt sich ein Quell- und Schwundverhalten in drei verschiedenen Richtungen. Nehmen wir z.B. ein Eichenbrett mit einer Länge von 2 m, einer Breite von 20 cm und einer Materialstärke von 30 mm, Holzfeuchte ca. 13%, Raumtemperatur 20 Grad Celsius und eine Raumluftfeuchte von 40% (was heutzutage hoch ist, unsere Wohnräume sind durch die modernen Heizungstechniken viel zu trocken, ca. 30–35%).
Wenn wir jetzt einen Faktor, z.B. die Raumtemperatur, ändern, angenommen auf 22 Grad Celsius, dann ist die Raumluftfeuchte in der Lage, mehr Feuchtigkeit aufzunehmen und entzieht dem Holz die Feuchtigkeit. Das Eichenbrett beginnt zu arbeiten. Dieser Prozess dauert nicht Stunden und Tage, sondern vollzieht sich in Wochen und Monaten.

Die Holzfeuchte beginnt zu sinken, bewegt sich Richtung 11% oder 12%, und das Brett wird schmaler, etwas dünner und minimal sogar etwas kürzer.

In Prozent ausgedrückt gilt die folgende Faustregel:

Radial:	also zum Kern hin sind es ca. 5% des Volumens
Tangential:	also in der Breite sind es ca. 10% des Volumens
Länge:	sogar hier nimmt das Holzvolumen um ca. 2% ab.

Logischerweise funktioniert dies auch in die andere Richtung. Nimmt die Temperatur ab und steigt aber die Luftfeuchte, da kältere Luft weniger Feuchte pro m^3 aufnehmen kann, wie es in regenreichen Jahreszeiten möglich ist, nimmt Holz die überfällige Feuchte auf und quillt. Dies ist aber heutzutage selten, da bei der Klimatisierung der heutigen Häuser und Wohnungen oft viel zu trockene Luftfeuchtigkeitsverhältnisse herrschen (siehe „Raumklima kontrollieren").

Diese drei Faktoren bestimmen den Bau und die Konstruktion eines Möbels. Wo Bretter aneinandergeleimt werden, um eine Fläche zu schaffen, die später furniert wird, muss darüber nachgedacht werden, wie diese Fläche als Fläche stehen bleiben soll.
Rahmen werden konstruiert, mit Nut und Falz versehen, und furnierte Füllungen eingeschoben, um daraus eine Klappe oder Tür zu fertigen. Schubladenböden werden in die Nut einer Seite eingeschoben und mit der hinteren Seite verbunden, um die Funktion einer Schublade zu erfüllen.

Eines muss ich noch sagen: Holz arbeitet immer, egal wie alt es ist. Es atmet, sicherlich wesentlich langsamer als wir Menschen, aber ein wenig vergleichbar. Es ist daher äußerst wichtig, sich vor Augen zu führen, was alles in und mit einem Möbel passieren kann, wenn einzelne Parameter, die auf das Objekt Einfluss haben, verändert werden und auf lange Sicht hin zu reparablen und leider auch irreparablen Schäden führen.

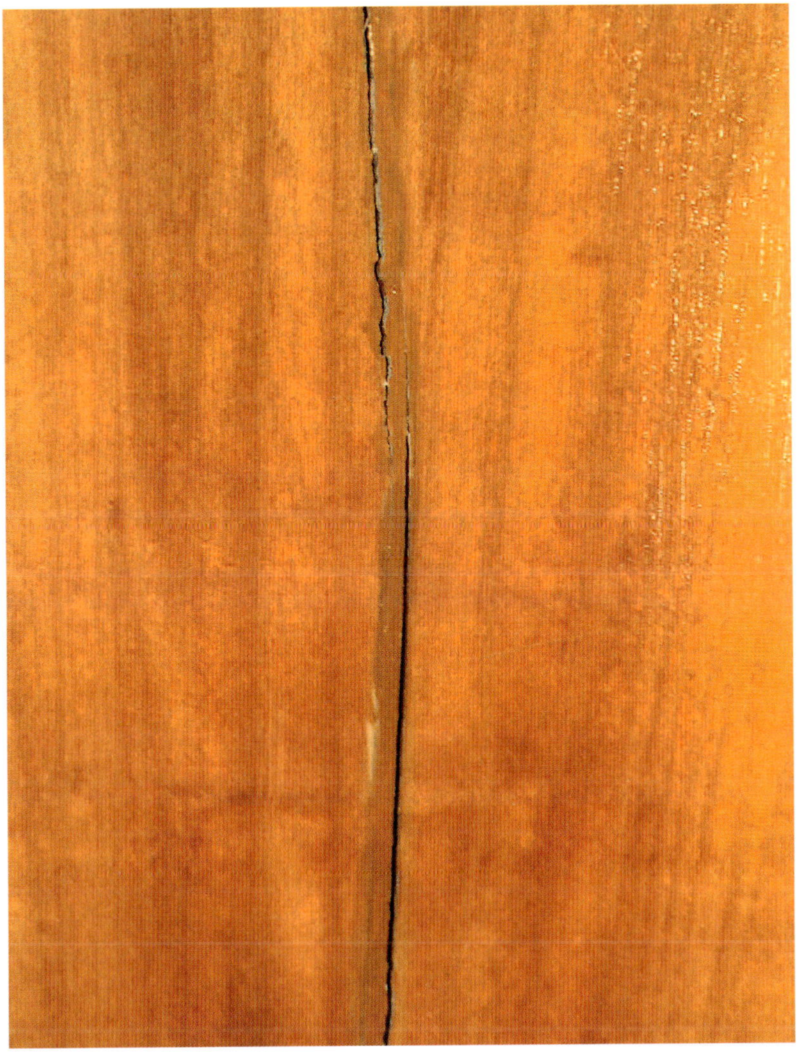

Die Seite einer Kommode aus dem 19. Jh. weist einen typischen Trocknungsschaden auf. Der Grund ist zu trockene Raumluft. Das Resultat: Die Holzfläche aus Nadelholz ist mit Nussbaumfurnier belegt, auf der Rückseite sind die Laufleisten der Schubladen quer zur Faserrichtung der Seite montiert, die Seite schwindet in der Breite, kann aber diesem Schwund nicht nachgeben und reißt an der schwächsten Stelle des Brettes, meist in der Mitte, wo diese Flächen bei der Herstellung schon verleimt wurden.

Also sind zwei Faktoren für diesen Schaden verantwortlich: trockene Raumluft und die Konstruktion des Möbels, die aber fast nicht anders möglich ist. Oft sind die Laufleisten eingegratet, d.h. die Leiste ist in eine Nut eingepasst, die ermöglichen soll, dass das Brett arbeiten kann, was aber nicht immer funktioniert. Manchmal sind die Leisten nur aufgeleimt, selten nur an der Rückwand fixiert und ins Traver der Vorderseite eingeleimt. Aber Längsholz (Laufleiste) und Querholz (Kommodenseite) sperren sich gegenseitig immer irgendwie ab. Ein klassisches Dilemma.

FURNIERE

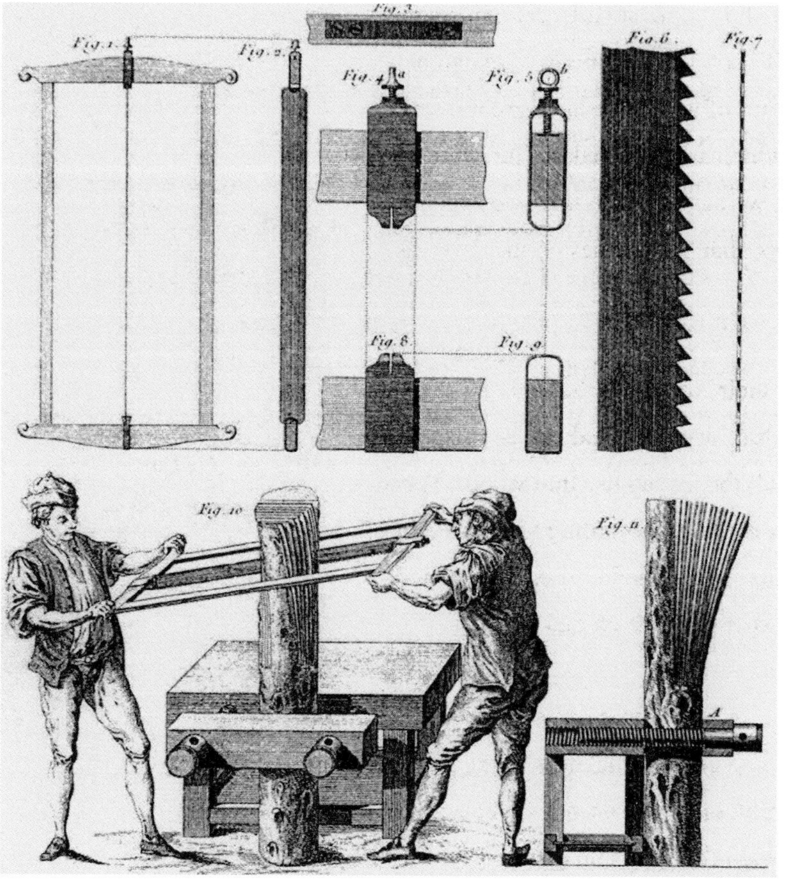

Mit Gestell oder Gattersägen wurde der senkrecht eingespannte Stamm in gleichmäßige Blätter (3–5 mm) geschnitten.

Der Begriff *Furnier* stammt aus dem Französischen des 16. Jh.s und das Wort *fournir* bedeutet so viel wie *bestücken, beliefern*. Es beschreibt den Vorgang, weniger wertvolles Holz mit edlen und teuren, dünngeschnittenen Holzblättern zu belegen.
Bereits die Ägypter haben im 13. Jh. v. Chr. feine dünne Brettchen mit Kleber und Stiftchen auf Holzflächen aufgebracht. Diese wurden 1922 bei der Entdeckung des Grabes von Tut-anch-amun als Grabbeilage gefunden. Seit 1657 wird der Begriff des Ebenisten (dt. Tischler) verwendet. Dieses Wort leitet sich von dem Wort *ébène* (dt. Ebenholz) ab und wird seither als Bezeichnung für Kunsttischler, die furnierte Möbel herstellen, verwendet.
Da edle bis sehr edle Hölzer, Mahagoni, Ebenholz, Rosenholz, um nur wenige zu nennen, sehr teuer und schwierig in der Anschaffung waren, entwickelte sich diese Arbeitstechnik parallel mit den Marketerie- und Intarsientechniken des 16. bis 18. Jahrhunderts.

Zu dieser Zeit bis Mitte des 19. Jh.s war das Sägefurnier die einzige Art der Furnierherstellung. Ab der Mitte des 19. Jh.s mit dem Beginn der Industrialisierung wurden die ersten Dampfmaschinen entwickelt, die es möglich machten, dünneres und somit kostengünstigeres Furnier herzustellen. Dies revolutionierte den Möbelmarkt komplett und Furniermöbel wurden auch für das Bürgertum erschwinglich.

Man unterscheidet heute drei Arten der Furnierherstellung: Sägefurnier, Messerfurnier und Schälfurnier.

Sägefurnier

Bei der Herstellung von Sägefurnier (s. Foto S. 40) werden die zu schneidenden Stämme senkrecht oder auch waagrecht eingespannt und zwei Arbeiter schneiden mit einer großen Gestellsäge oder Gattersäge dünne, gleichmäßige Blätter von 2–10 mm ab. Ab der Mitte des 19. Jh.s übernahmen Maschinen diese kräftezehrende Handarbeit und man konnte kostengünstiger diese Furniere herstellen.
Der Vorteil des Sägefurnieres ist die Herstellung von sehr stabilen, langlebigen Möbeln. Der Nachteil ist der extrem hohe Verschnitt und somit Verlust von wertvollem Holzmaterial von 50–80%. Was sich dann natürlich auch auf den Preis auswirkte.
Das Holz wird beim Sägen nicht wie beim Messerfurnier gedämpft oder gekocht und behält somit seine ursprüngliche Farbe. Heutige Furnierstärken werden hergestellt in 1,2–2,5 mm, 5 mm, 7 mm und 10 mm.

Messerfurnier

Um Messerfurnier zu gewinnen, werden die Baumstämme zuerst gekocht bzw. gedämpft und anschließend auf einen sogenannten Schlitten gespannt und mit einem sehr scharfen Messerbalken in einem bestimmten Winkel bearbeitet. Ältere Techniken bearbeiten den Stamm horizontal, moderne Maschinen machen dies vertikal, indem sich der Stamm am Messer vorbeibewegt und die Furnierblätter ohne Verlust abgeschnitten werden. Gängige Furnierstärken sind 0,4 bis 0,7 mm. Es kann aber auch eine Sonderstärke von bis zu 6 mm geschnitten werden.
Nachteil ist, dass sich die Farbe des Furniers durch das Kochen bzw. Dämpfen verändert.

Schälfurnier

Auch hier werden die Stämme gekocht, um das Holz geschmeidiger zu machen. Auch hier verändert sich die Farbe des Holzes. Der Stamm wird eingespannt, wie an einer riesigen Drechselbank, abgerichtet und an einem Messer vorbeigeführt und somit werden ähnlich einem Bleistiftspitzer nahezu endlose Furnierbahnen abgeschält.
Diese Furniere sind für die qualitativ hochwertigen Möbel wertlos. Diese werden für Industrieplattenmaterial und in der Massenmöbelproduktion verwendet.
Diese Schältechnik wird auch bei der Herstellung von Wurzelmaserfurnier angewandt. Diese Furniere werden für edle moderne Möbel und für die Autoindustrie hergestellt.

Furnier als edle Oberfläche

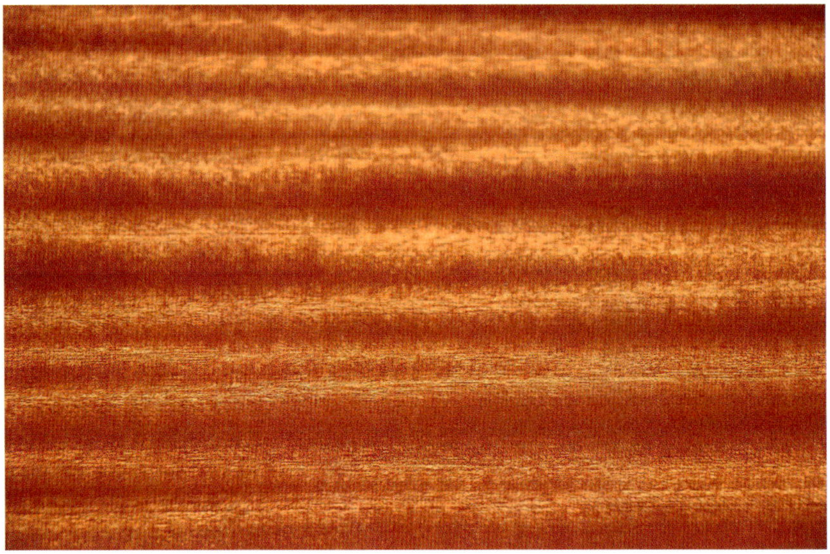

Mahagonifurnier, poliert, hier sieht man das Changieren der Farben, was typisch ist für das Mahagoni und seinen Reiz ausmacht

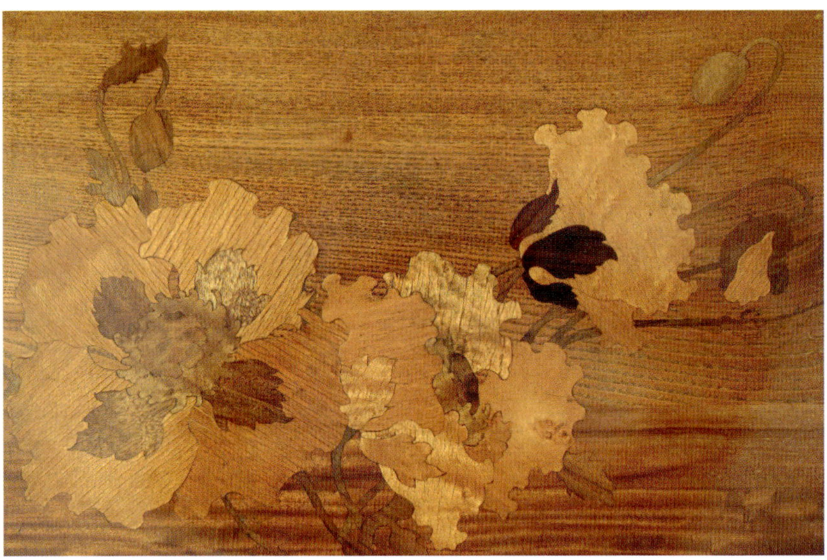

eine Marketerie von Émile Gallé (signiert, 1846-1904) Entwurf um 1900, Art Nouveau, verschiedenste Edelhölzer zu einem Blumenstrauß komponiert, Schreibsekretär, 1790/1800

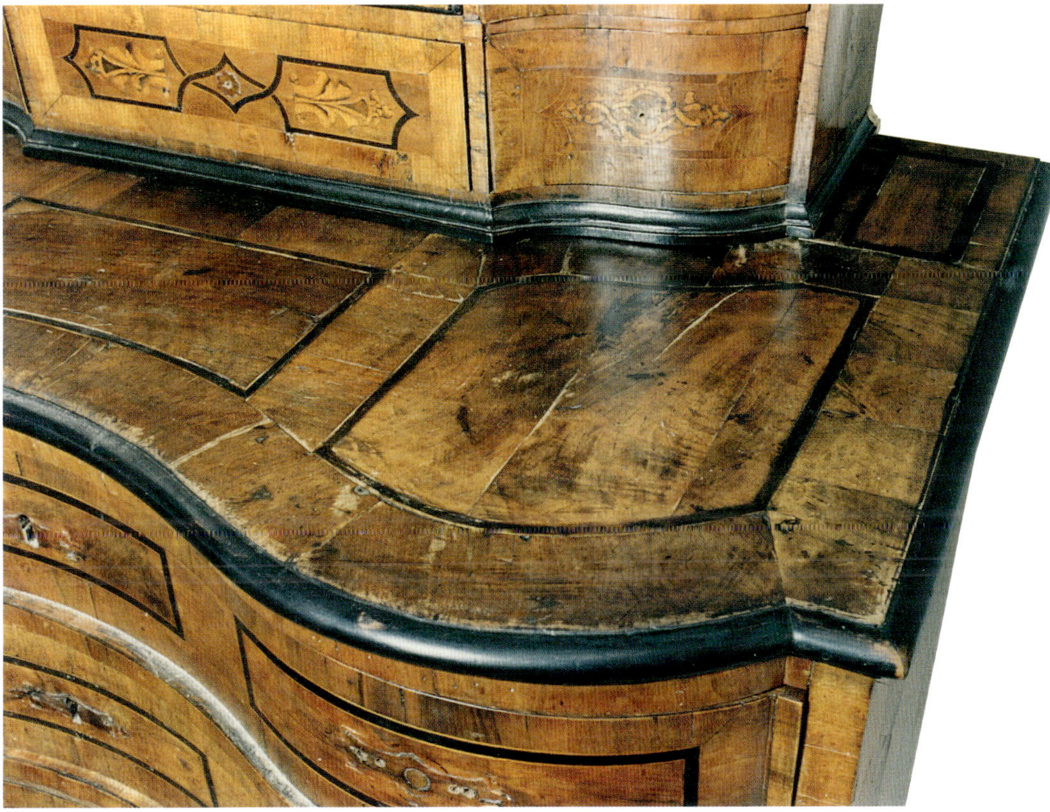

Tabernakelsekretär, zweite Hälfte 18. Jh., Nussbaum, Süddeutschland, vor der Restaurierung

Gut zu erkennen sind das bis zu 5 mm starke Sägefurnier, das Bandwerk in Mooreiche und Buchs, die geschwärzten Kanten- und Sockelprofile, die Andeutung von Rahmen mit Füllung.

Gebrauchsspuren und die Patina aus Schmutz und jahrhundertelanger Nutzung des Möbels zeichnen sich auf der Kommodenplatte deutlich ab. Schön zu sehen sind die konvex und konkav geschwungene Profilierung der Schubladenfront und kleinen Schübe im Tabernakelaufsatz.

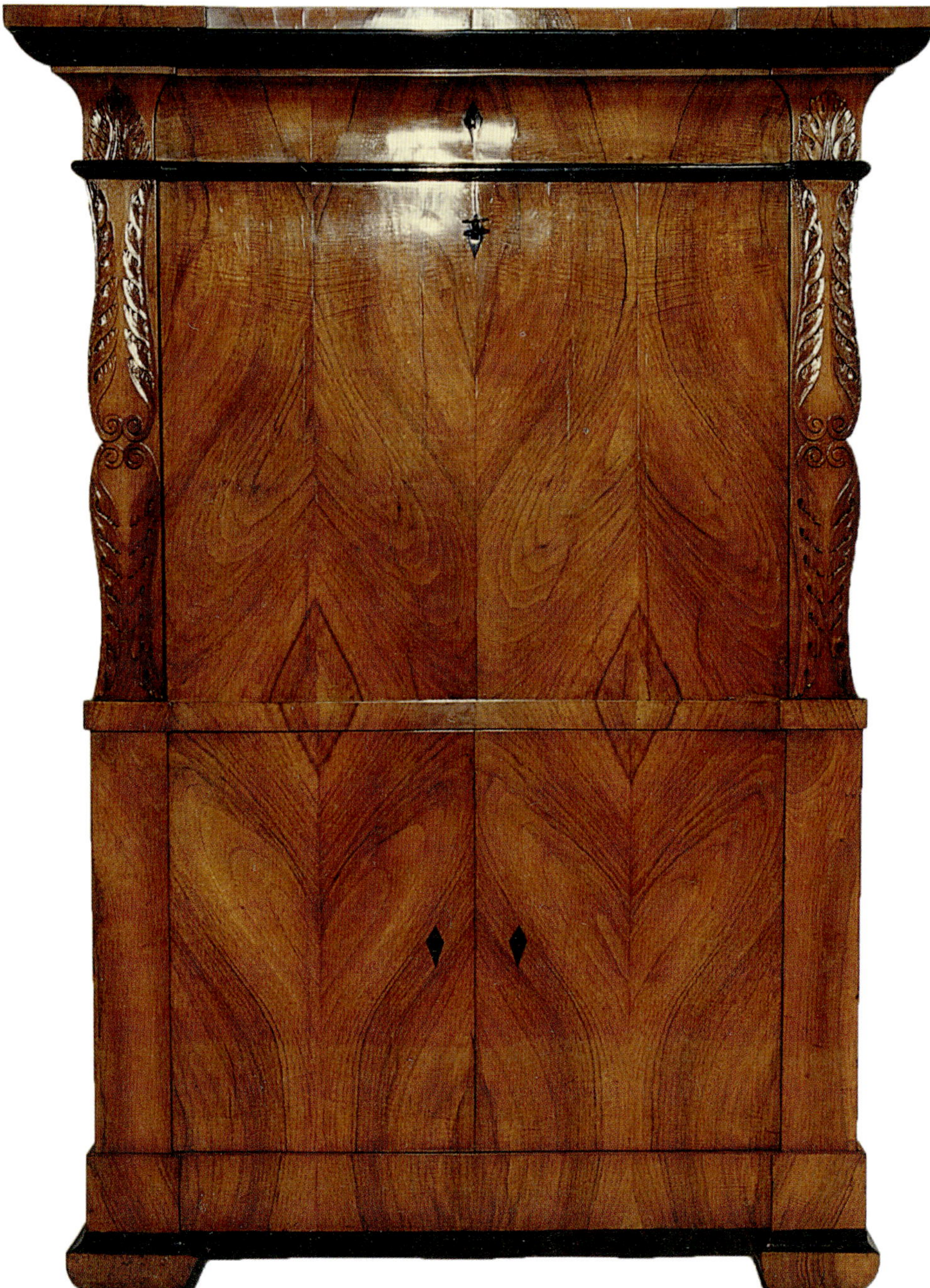

Nussbaum, sehr schön ist die absolute Symmetrie der ausgewählten Furnierblätter zu sehen.
Das Furnier wurde sowohl vertikal als auch horizontal gespiegelt. Die Spiegelachsen liegen genau in der Mitte des Möbels.

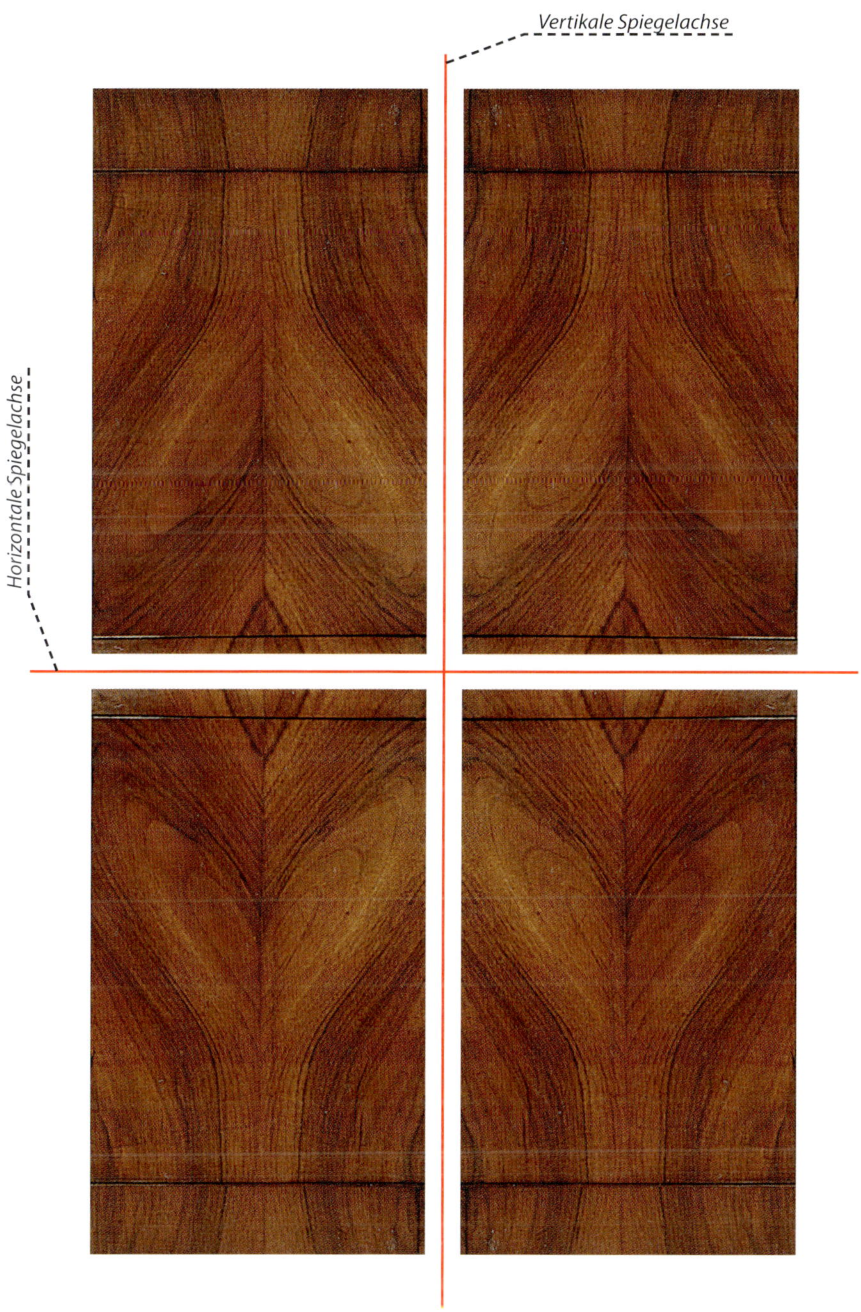
Vertikale Spiegelachse
Horizontale Spiegelachse

Die Technik der gestürzten oder gespiegelten Furnierblätter

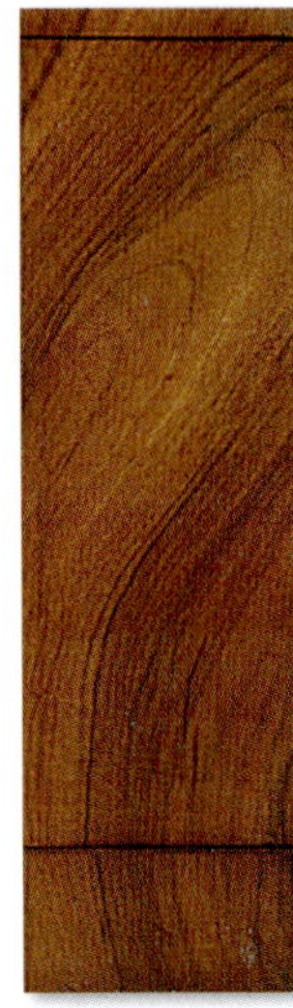

Dieses Furnierblatt ist der Anfang.

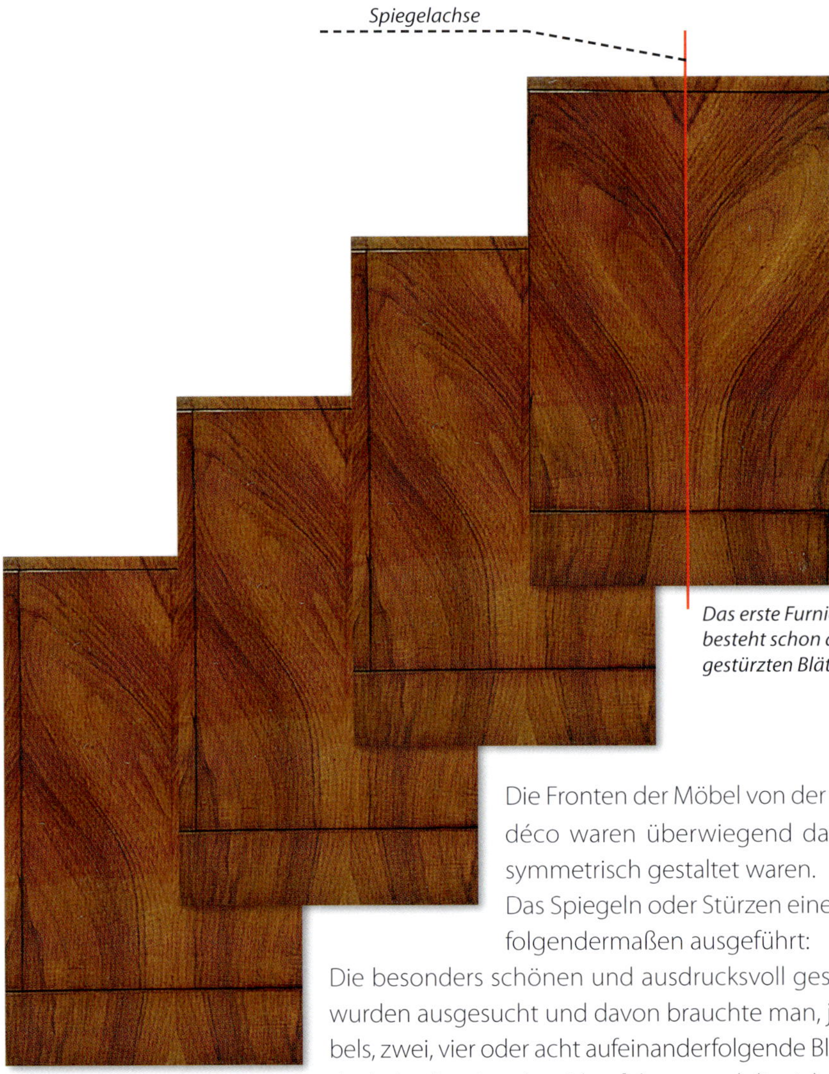

Das erste Furnierblatt besteht schon aus zwei gestürzten Blättern.

Die Fronten der Möbel von der Renaissance bis ins Art déco waren überwiegend davon geprägt, dass sie symmetrisch gestaltet waren.
Das Spiegeln oder Stürzen eines Furnierblattes wurde folgendermaßen ausgeführt:
Die besonders schönen und ausdrucksvoll gestalteten Furnierblätter wurden ausgesucht und davon brauchte man, je nach Größe des Möbels, zwei, vier oder acht aufeinanderfolgende Blätter, d. h. die aufeinander beim Furnierschneiden folgten und die sich somit sehr ähnlich, nahezu identisch, waren. Dann legte man neben das erste Blatt, je nach Spiegelachse, das zweite Blatt, aber mit der Unterseite noch oben. So entsteht das erste Bild. Bei einer Kommode könnte man jetzt in der Achse der Schlüssellöcher diese beiden Blätter wiederum doppeln, also gespiegelt an dieser Achse zwei gestürzte Blätter anfügen.
Handelt es sich um einen Schrank oder Standsekretär, werden zwei identische Blätter an der vertikalen und horizontalen Achse gestürzt und somit entsteht mit dem Schnittpunkt der Achsen in der optischen Mitte des Möbels ein absolut symmetrisches Furnierbild.

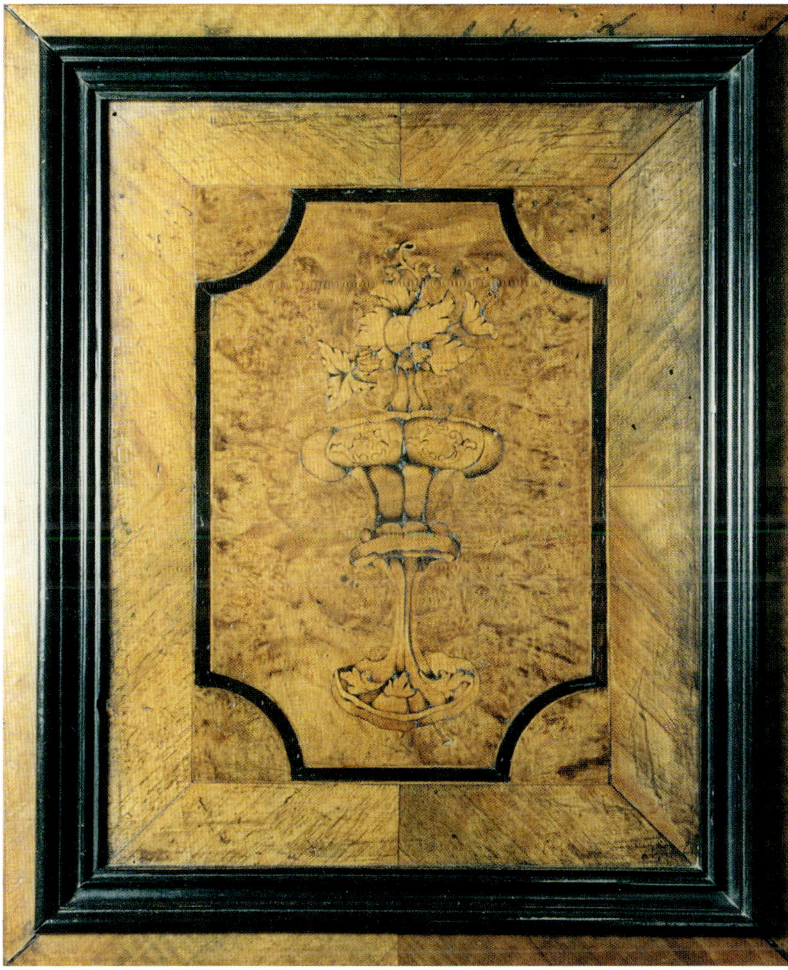

eine Marketerie eines Barocktabernakelschrankes, ca. 1770, süddeutsch

Diese Arbeit ist wie ein Bild in einem Rahmen auf Augenhöhe in die Tabernakeltür des Schrankes eingesetzt worden. Ein Rahmen schwarz poliert, ein Fries auf Gehrung in Nussbaum, ein Bandwerk aus Mooreiche mit Buchsadern, die Ecken eingezogen, die Felder mit Birkenmaser belegt. Und in der Mitte ein Blumenstrauß in einer Vase.

Gut zu sehen sind die geschwärzten Marketerien, um eine gewisse Dreidimensionalität zu erzeugen. Um diese Schwärzungen oder Schattierungen zu erreichen, wurden die einzelnen Furnierteile hochkant in heißen Sand oder Blei gesteckt oder an einer Flamme geschwärzt, um die Ränder dunkler zu gestalten aber nicht zu verbrennen. Die Gravierungen erfolgten nachträglich, nach dem Aufleimen der Marketerie.

Der große Möbelvirtuose David Roentgen (1743–1807) weigerte sich jedoch, Furniere zu schwärzen. Er erzeugte die Schatten mit dunklem Furnier, was noch aufwendiger ist.

Dieser Technik sind nahezu keine Grenzen gesetzt und viele versuchten einander in ihrer Kunst zu übertreffen.

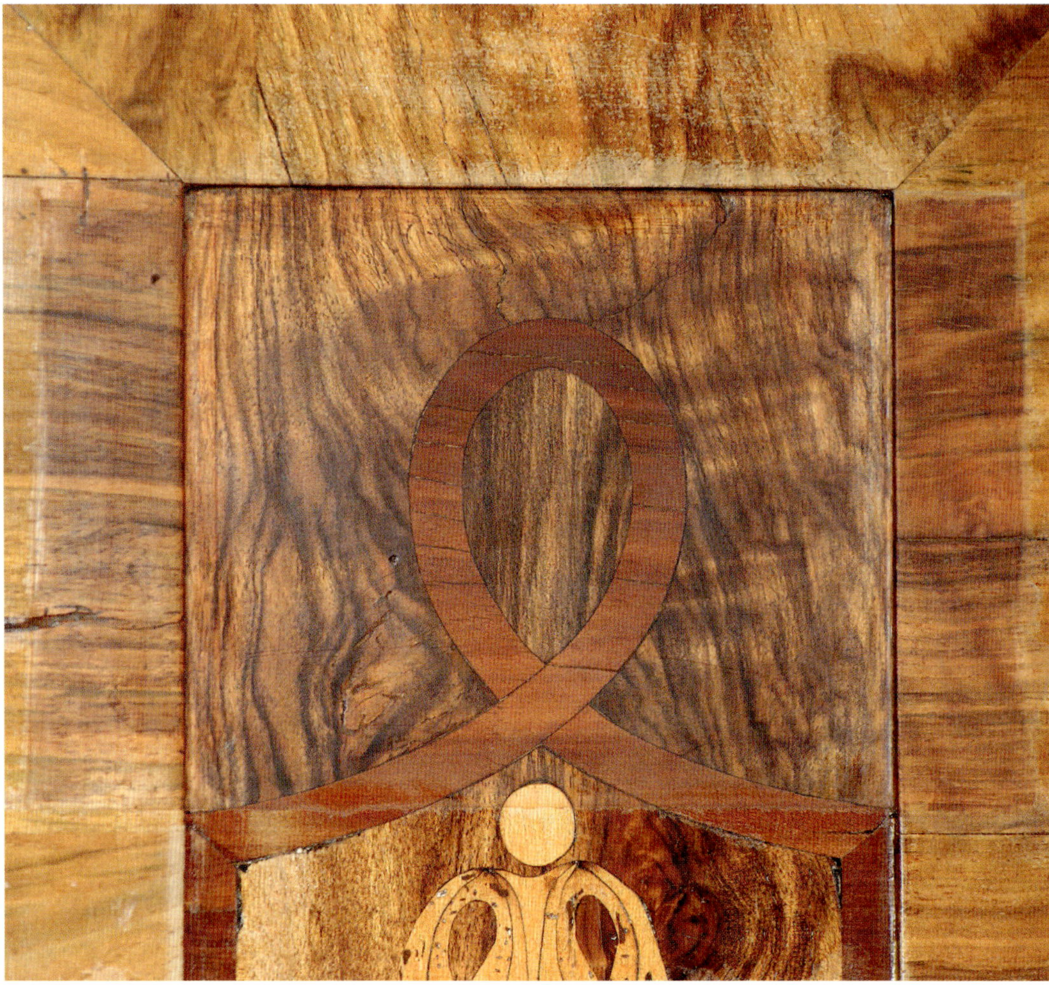

Detail eines Barockschrankes während der Restaurierung. Deutlich erkennbar sind die mit Kunstharz lackierten Nussbaumelemente und die bereits freigelegten Furniere mit ihrer strahlenden Farbigkeit. Schön zu sehen ist die Schleife aus Zwetschgenholz, die mit dem Punkt aus Buchsbaum in das stark strukturierte Nussbaumfurnier eingelegt wurde.

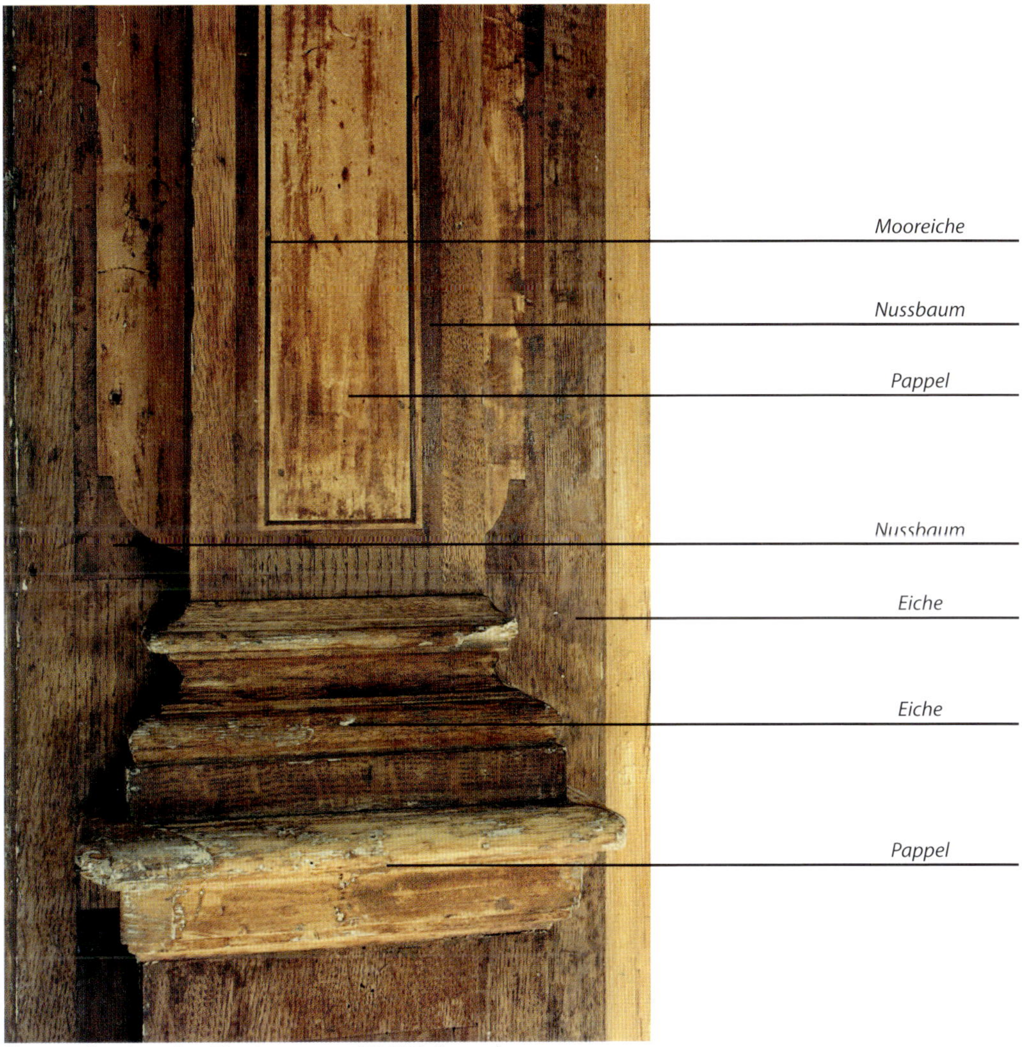

Element eines barocken Türrahmens, um 1730/40, Regensburg

Dieser Türrahmen wurde im Laufe der letzten Jahrhunderte viele Male mit Farbe überstrichen. Bei der Freilegung konnten 8 Schichten definiert werden. Vermutlich waren es aber mehr. Gut zu erkennen sind das Bekleidungsbrett in Eiche mit Intarsien in Pappel und Nussbaum, das aufgesetzte Fries in Fichte mit Eiche furniert, Marketerie in Nussbaum, Pappel und Mooreiche, Sockelprofile in Eiche mit Karnies, Viertelstab, Rundstab und Abplattungen.

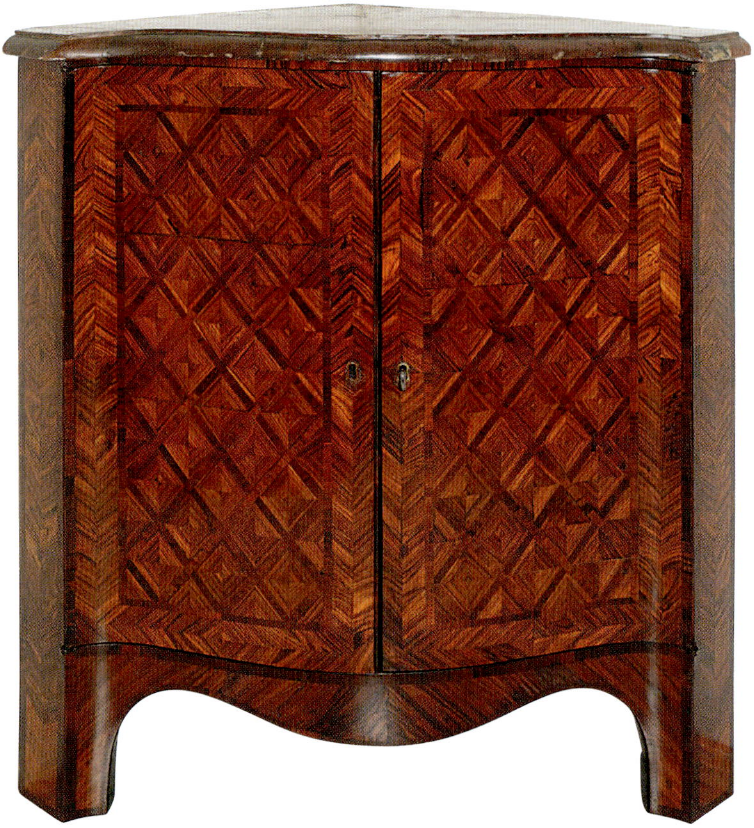

Eckvitrine, hier nur die Kommode ohne Aufsatz

Louis XV., Neapel um 1750
Rautenförmige Marketerie in Palisanderfurnier. Die Front ist konvex und konkav geschwungen. Hier zeigt sich die hohe Kunst der Marketerie. Der Betrachter bekommt sowohl durch die geschwungene Front als auch durch die nahezu dreidimensionale Wirkung der Marketerie einen außerordentlich plastischen Eindruck.
Und diese Meisterarbeit wurde vor über 270 Jahren gefertigt.

Oberflächen

Öle, Lacke und Patina

Die Meister haben bei der Herstellung der Möbel viel Liebe, Energie und Hingabe in die Auswahl der Hölzer und Furniere und in die Genauigkeit der Konstruktionen verwendet. Aber der meiste Aufwand wurde bei der Oberfläche der Möbel getrieben. Die Oberfläche veredelte die Möbel, gab ihnen den Glanz, die Tiefe und Wärme.
Höfische Möbel sollten auch in den repräsentativen Räumen den Kerzenschein reflektieren und vervielfältigen. Der Betrachter sollte beeindruckt sein, ob der Herrlichkeit und des Überflusses. Generationen von Tischlermeistern, Kirchenmalern und Alchemisten tüftelten an den besten, raffiniertesten und teilweise geheimsten Rezepten für besonders strahlende und langlebige Lacke und Überzüge:

„Mit … Grundierungen, Farbschichten, Polituren oder Lacke, sowie Harze, Wachse und Öle … wurden edele Hölzer überzogen … Metalle wurden mit Gold oder Silber oberflächlich veredelt, auch durch das Färben von Metall mittels Chemikalien."

Wenn man heute Möbel des 16. Jh.s betrachtet, fällt eine sehr magere und glatte Oberfläche auf, die vermutlich ursprünglich mit ausschließlich Ölen oder Harz- und Bienenwachslösungen behandelt wurde. So ist man gut beraten, zu ihrer Pflege lediglich ein reversibles Material wie Bienenwachslösungen oder ähnliche Materialien zu nutzen.
Bei den Möbeln des 17. Jh.s stellt man eine Imprägnierung mit Ölen oder Wachsen fest, da gerne Ebenholz und ähnlich dichte Hölzer genutzt wurden, die durch ihre eigene Struktur und Beschaffenheit mit geringem Aufwand eine edle Oberfläche erhalten.
Hochglanzpolituren mit Hilfe von Wachs und Lacken sind erst ab dem späten 18. Jh. belegt.

„De Mayne schreibt: ‚Der allgemein auf Holz aufgetragene Firnis ist glänzend wie Glas und beleidigt das Auge.' … Dies zeigt, wie eine vornehme Ästhetik bei den Oberflächen angestrebt wurde. … wir gehen deshalb kaum fehl, wenn wir annehmen in diesen Fällen handelt es sich um fette, hart auftrocknende Lacke … für den täglichen Gebrauch."

Anfangs des 18. Jh.s setzte eine neue Periode in der Oberflächenbehandlung ein. „Boulletechniken und Marketerien nicht mit Lackschichten zu überziehen, sondern, … laut Watin wurden die meisten Möbel im 18. Jh. mit Wachs poliert …"
In der 2. Hälfte des 18. Jh.s setzte sich die Technik mit Harzpolituren, z. B. Schellack, langsam durch. Das Harz wurde aber erst als Zusatz in Lacken verwendet, da die Marketerien durch den Schellack leicht zu vergilben drohten. Mit dem Klassizismus zum Ende des 18. und Beginn des 19. Jh.s wurden einfarbige Oberflächen mit Mahagonifurnier Mode und der Schellack und die „Schellacksauce" setzten sich als Lacküberzug immer mehr durch.

Die Oberflächen, die man heutzutage meist in Antiquitätenläden landauf, landab beobachtet, sind eine Technik des 20. Jh.s und haben mit den originalen Oberflächen der Möbel sehr wenig gemein. Leider gilt immer noch: Je glänzender und glatter poliert, desto besser. Und immer noch lassen sich die Kunden im wahrsten Sinne des Wortes blenden.

Möbel sind komplexe technische Gebrauchsgegenstände, die unterschiedlichen Abnutzungen ausgesetzt sind. Licht bleicht die Furniere aus, sie verfärben sich und werden verkratzt und beschädigt. Deshalb wurden sie immer wieder restauriert, renoviert und repariert, dadurch wurde die Oberfläche in ihrer Ursprünglichkeit immer mehr verändert und entfernte sich zunehmend von der Originalität.

„Seit dem Historismus erfuhren die Möbel … eine gänzlich neue Bewertung, weshalb sie zum Gegenstand von intensiver Forschung und Restaurierung wurden."
„Neu war die Frage nach der Originalität, nach der Komposition der Lacke und nach der Ursprünglichkeit der Farben … Zugleich wurden aber Möbel, und dies bis heute, fröhlich weiter neuinterpretiert und umfrisiert."

Bücher und andere Quellen zeugen von umfangreichem Wissen über Polituren und deren Herstellung und Verarbeitung. Die Geschichte der Polituren und Lacke kann man so sehr gut nachvollziehen. Daraus entwickelte sich die Erkenntnis, dass das Wissen und die Arbeitstechniken im Möbelbau konsequent mit den umfangreichen Möglichkeiten der Naturwissenschaften zusammengeführt werden müssen. Dies gilt aber nur eingeschränkt für den Restaurator, der auf dem freien Markt und nicht museal arbeiten muss.

Dem Kunden kann nur beschränkt zugemutet werden, kostspielige und langwierige Untersuchungen zahlen zu müssen. Sollte dies aber so sein, wird sich kaum ein Restaurator dagegen wehren, die Kombination aus Handwerk und Wissenschaft zu benutzen.

„Zukünftige Möbelrestaurierung wird also wesentlich eine wissenschaftlich-kritische und nicht eine rein handwerkliche sein …"

Leder, Stoffe und Polster

Leder

Leder ist ebenfalls ein Naturprodukt und wird seit Jahrhunderten im Möbelbau verwendet. Sitz- und Rückenflächen bei Stühlen und Sesseln sind häufig aus Leder gefertigt.

Leder hat ein ähnliches Materialverhalten wie Holz. Bei zu trockenem Raumklima trocknet es aus, wird starr, rissig und bricht. Bei zu feuchtem Klima kann es zu Schimmelbildung kommen. Leder muss gepflegt werden. Was für Schuhleder gilt, gilt auch für das Möbelleder.

Mit einem trockenen Baumwolltuch abstauben, max. nebelfeuchte Lappen nutzen. Sollte Wein, Wachs oder Wasser auf die Oberfläche getropft sein, sofort abwischen und ggf. nachfetten. Ist der Fleck eingetrocknet, bitte den Fachmann fragen.

Das Leder bitte trocken, aber nicht zu trocken halten, regelmäßig einfetten, wie beim Schuh, polieren und nicht feucht oder sogar nass werden lassen.

Verwenden Sie möglichst säurefreie Lederfette oder Ledercremes.

Säurehaltige Produkte können auch die Ledersubstanz schädigen.

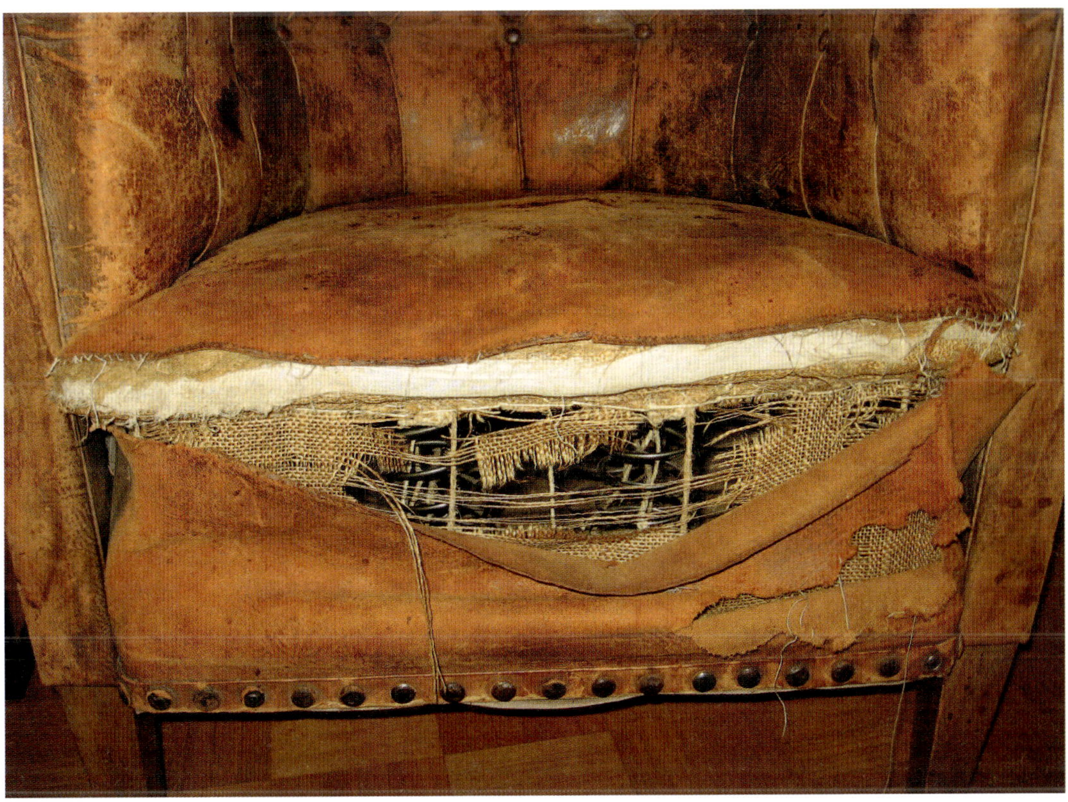

ideales Beispiel für eine sehr nachlässige Pflege eines Ledersessels

Gut zu erkennen sind die gerissenen Nähte und das brüchige Leder, das durch starken Gebrauch nahezu die gesamte Lackoberfläche verloren hat.

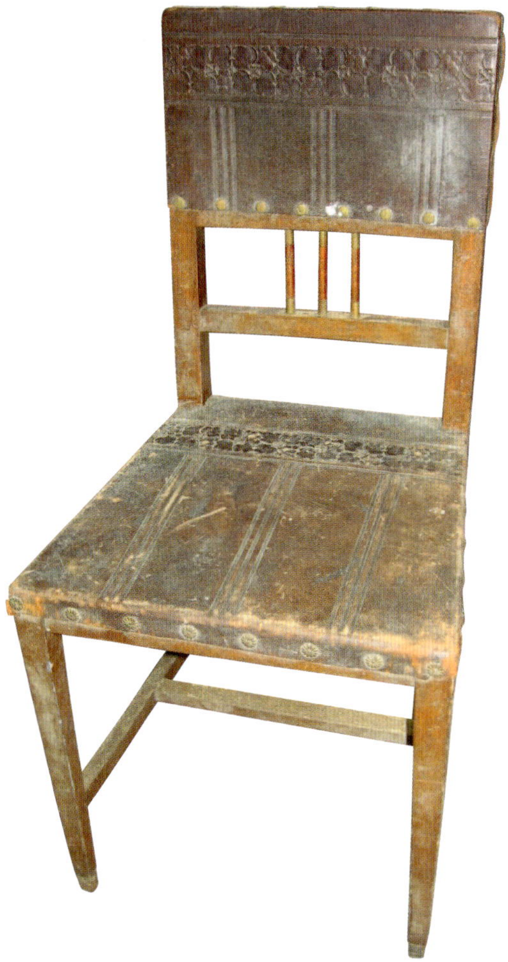

stark verschmutzter Lederbezug mit einer dem Jugendstil entsprechenden Lederprägung, vor der Restaurierung
Stuhl, Gestell in Buche, Applikationen in Messing

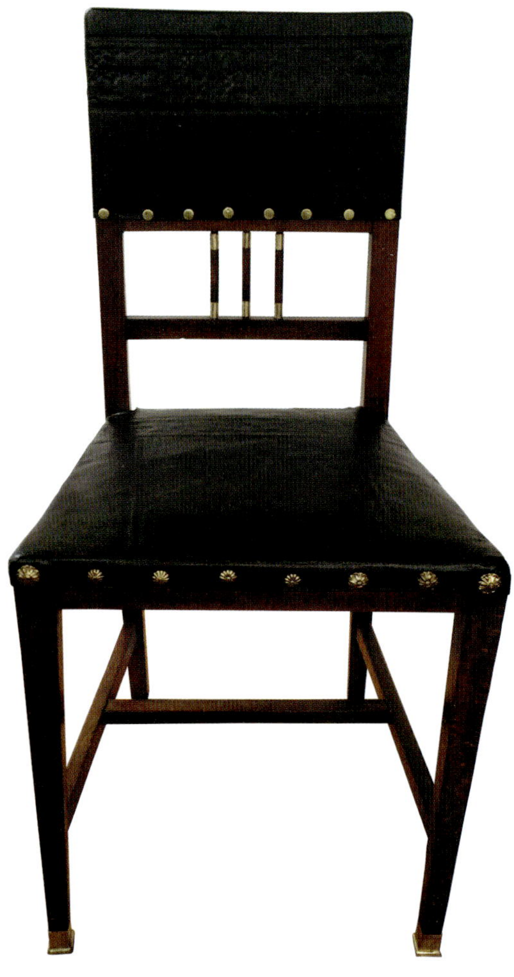

Der Stuhl nach der Restaurierung:
Leder mit destilliertem Wasser gereinigt, stärkere Verschmutzung mit reinem Alkohol und Lederfett bearbeitet, retuschiert und mit Sattelwachs (säurefrei) poliert

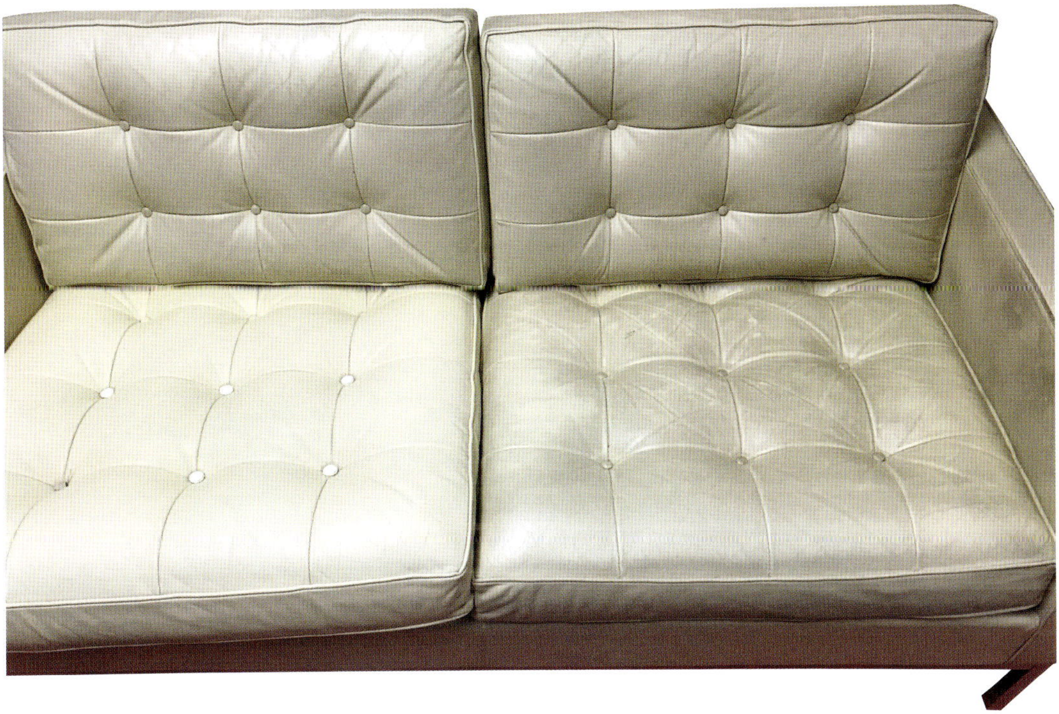

Ledersofa, 1954, Leder weiß, Entwurf Corbusier

Sehr deutlich sichtbar ist die stark verschmutzte Lederoberfläche (rechtes Sitzkissen, Armlehne, Rückenlehne). Staub und Schmutz haben sich durch die starke Benutzung im Vorzimmer eines großen deutschen Konzerns, nie richtig gereinigt, im Laufe der Jahre festgesetzt.

Die Reinigung erfolgte in mehreren Schritten:

Schritt 1: Trockenreinigung mit Gummiradierer und Staubsauger

Schritt 2: Reinigung mit Tensiden und Alkohol und Microfasertuch, sehr vorsichtig, da sich sonst die Farbe löst

Schritt 3: Nachfetten und Polieren mit säurefreiem Lederfett

Stoffe

Bezugsstoffe bei Möbeln unterliegen der jeweiligen Mode. In der Fachliteratur kann man sich an den „Originalen" orientieren. Scheuen Sie sich aber nicht, Ihrem persönlichem Geschmack nachzugeben. Ein ganz besonderer Bezugstoff ist der Rosshaarstoff, aus dem Schweifhaar von Pferden.
Sehr elegant, changierend in der Farbe, schwarz bis dunkelbraun, manchmal dunkelblau schimmernd. Es empfiehlt sich, sich in gut sortierten Fachgeschäften über das aktuelle Angebot an hochwertigen Bezugsstoffen zu informieren.
Wählen Sie bessere Ware, die länger hält, UV- beständig, abriebfest ist und die Farbe hält. Das Mehr an Geld wird sich auf lange Sicht auszahlen.

Polsterung

Sofas und Stühle
Wenn man einen großen Aufwand zur Restaurierung eines Sitzmöbels betreibt, dann sollte auch eine passende und dauerhafte Polsterung mit gutem Bezugsstoff wichtig sein. Aktuell kann man sich zwischen der klassischen Polsterung: Gurtung mit oder ohne Federkern, Kokosschicht oder Seegras, Juteauflage, Haarauflage (Rossschweifhaar), Kattunüberzug, Bezugsstoff, und der etwas günstigeren Variante mit Schaumstoffplatten in unterschiedlichen Härte- bzw. Weichheitsgraden entscheiden. Wenn das Möbel fertig gepolstert ist, sieht man keinen Unterschied. Bitte lassen Sie sich von Ihrem Polsterer und/oder Restaurator beraten.

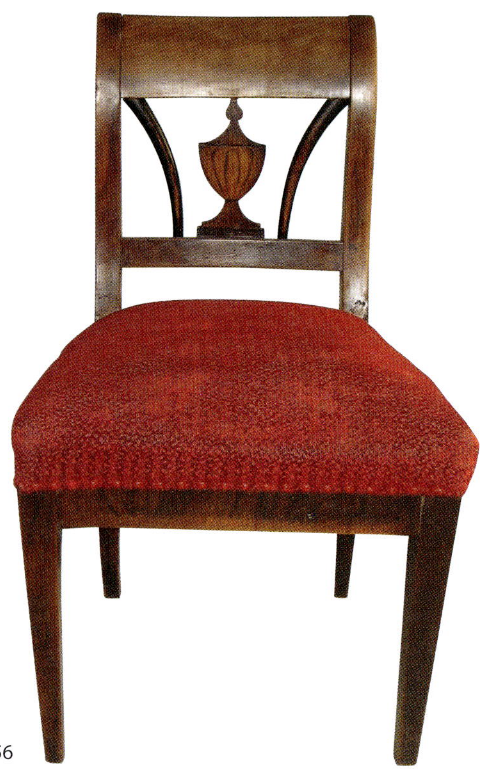

Biedermeierstuhl vor der Restaurierung

Die Polsterung ist zu hoch und rund, der Stoff ist stark abgegriffen. Zur Bearbeitung muss der Stuhl abgepolstert werden.

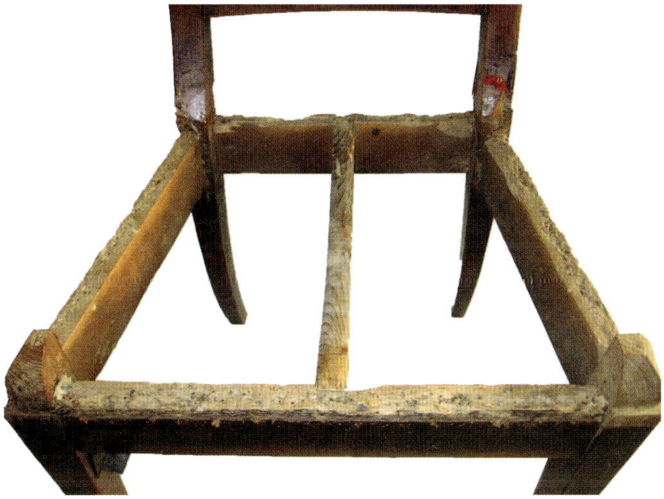

Sitzfläche nach der Abpolsterung

Sehr gut zu sehen: Nagelleisten an den Zargen stark abgenutzt, kein „Nagelrecht" mehr. Nagelrecht (= Nagelleiste) muss in einem Zustand sein, in die der Polsterer ohne Schwierigkeiten seine Nägel einschlagen kann, d.h. Stuhl zerlegen, neue Hartholzleisten an die Zargen anleimen.

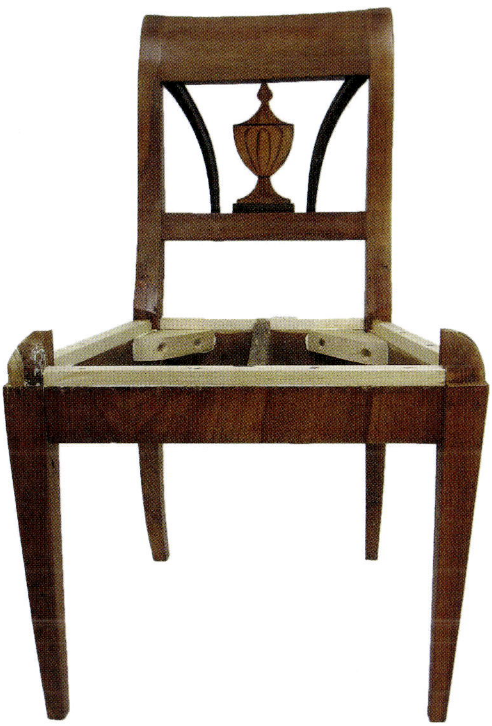

Stuhl neu verleimt und
mit neuen Nagelleisten versehen

Es gibt bei der klassischen Polsterung zwei verschiedene Varianten: Bei der Federkernvariante wird die erste Gurtungsebene auf der Unterseite der Stuhlzargen befestigt. Somit entsteht Raum, in dem sich die Federn bewegen können. Die obere Gurtungsebene wird dann an den neuen Nagelleisten befestigt und die Federn werden mit den Gurten oben und unten vernäht.

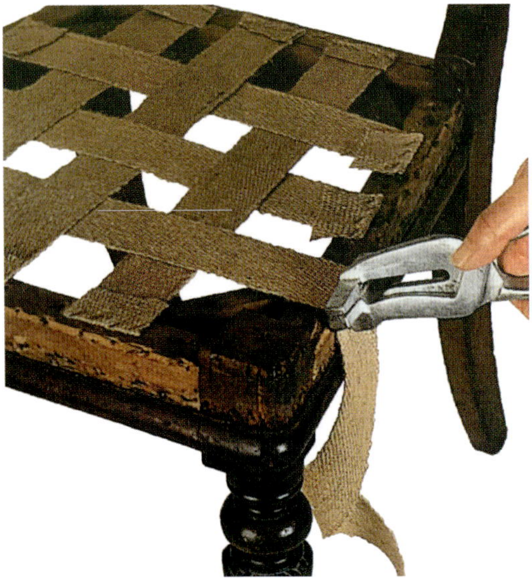

So werden die Jutegurte gespannt. In einer neueren Variante werden die nicht-elastischen Gurte mit Gummibändern gemischt, um eine gewisse Grundelastizität zu erzielen. Durch diese Gurtung (s. Foto) wirken hohe Zugkräfte auf den Zargenrahmen.

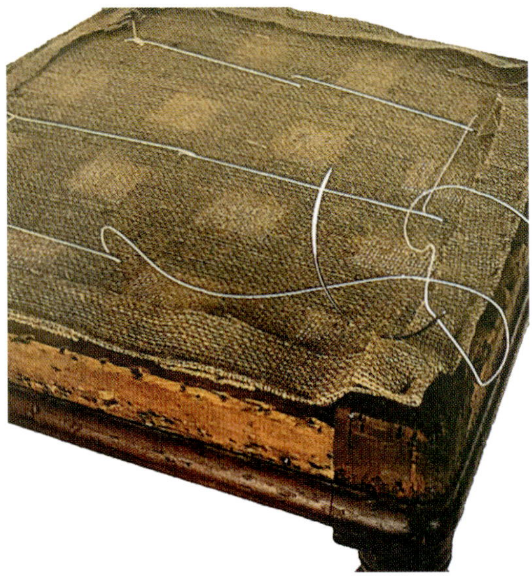

Auf die Gurtung kommt eine Auflage aus Jutegewebe, die an die Gurtung fixiert wird.

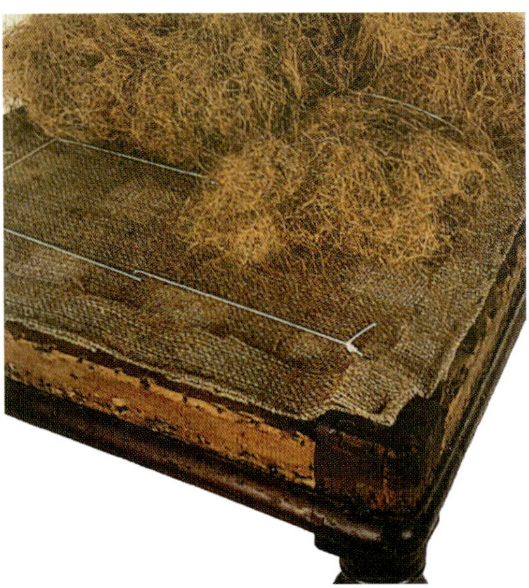

Auf dieses Gewebe wird Seegras oder Kokosfaser mit Halteschlaufen aufgebracht.

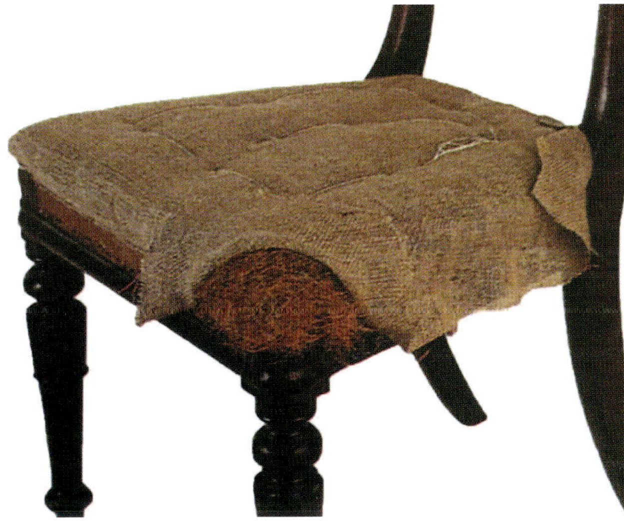

Eine Lage mit einer mittelschweren Jute wird über die Kokosfaser/Seegrasebene gespannt und vernäht.

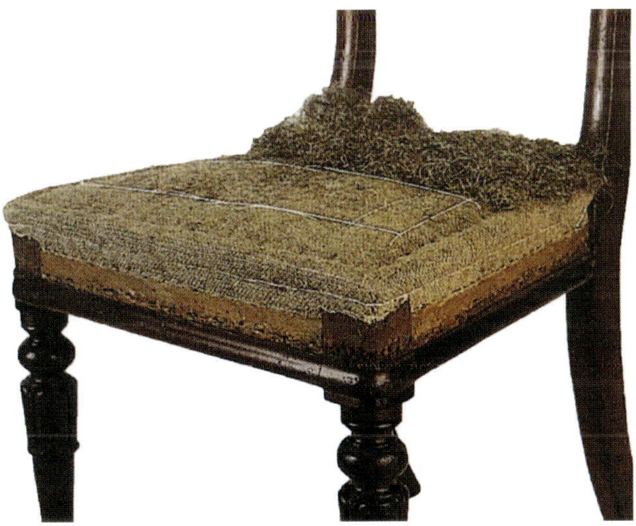

Auf diese Ebene wiederum kommt die Rosshaarfüllung, die dann mit Halteschlaufen vernäht wird.

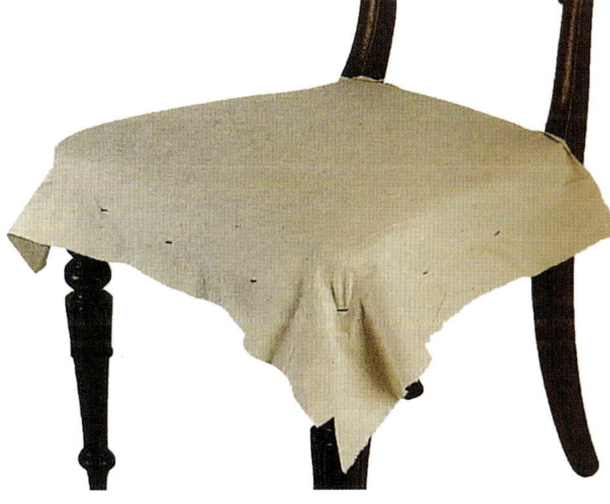

Als letzte Lage vor dem Polsterstoff wird ein Kattunüberzug an die Nagelleisten angeschossen. Jetzt kann die sichtbare Polsterstoffebene gefertigt werden.

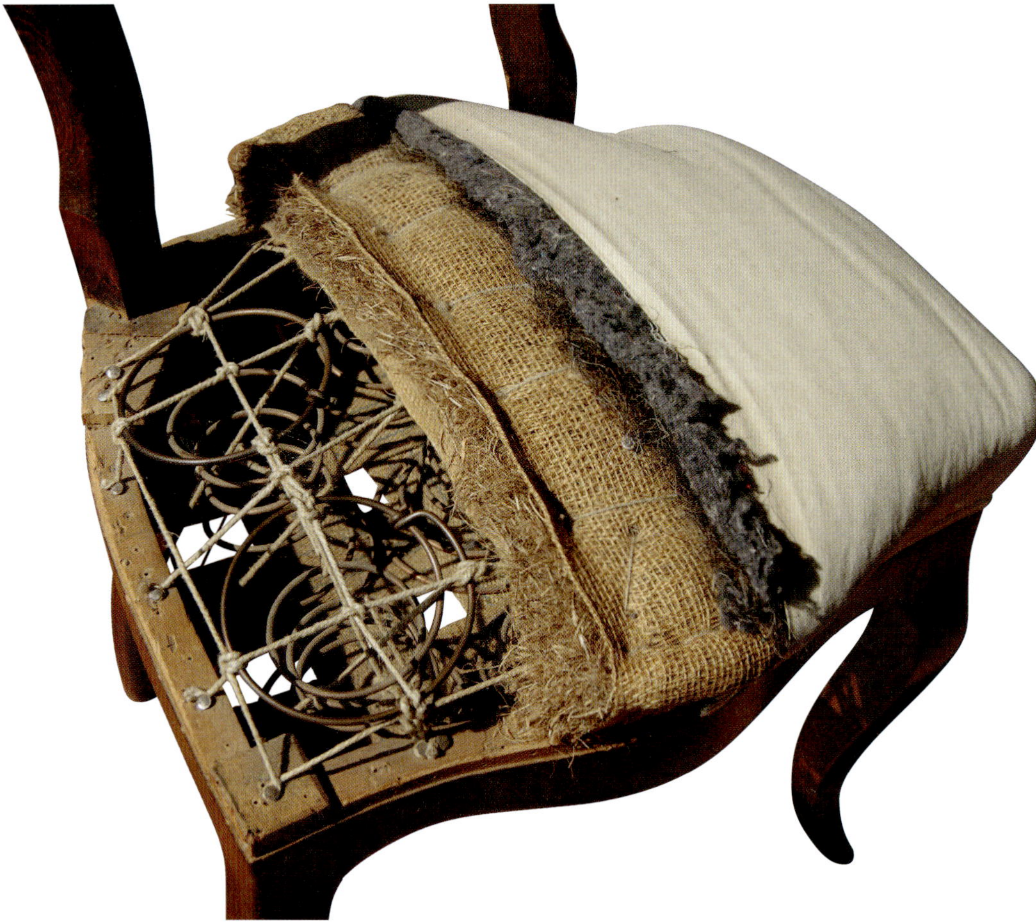

Der Aufbau einer klassischen Polsterung in der aufgeschnittenen Darstellung.

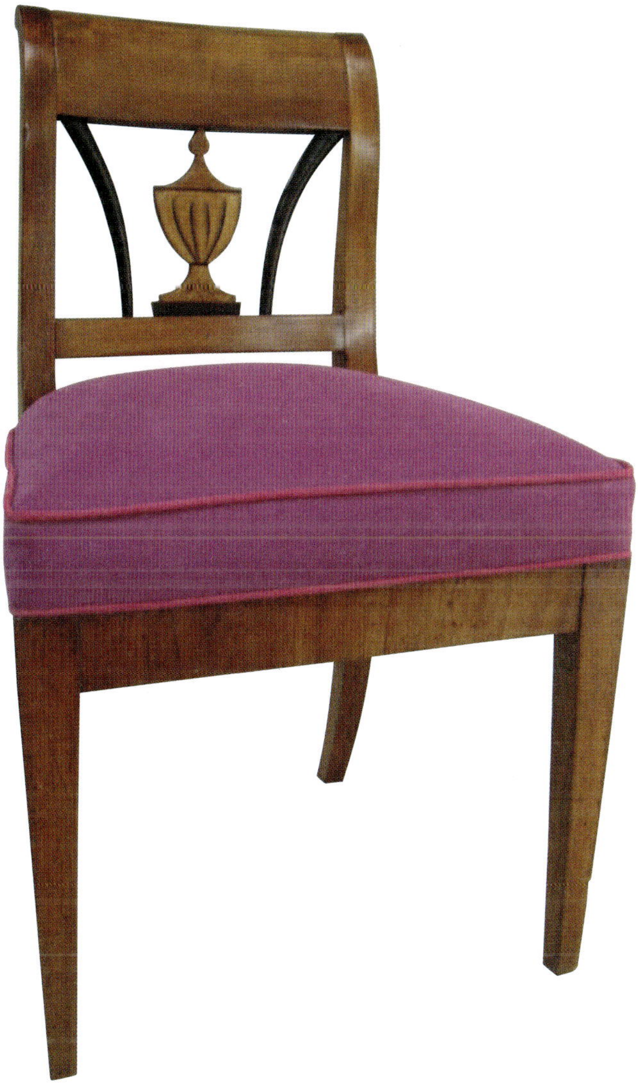

So sieht dann der fertige Stuhl mit hochwertigem Veloursstoff und zusätzlicher Kederkante aus. Als Keder wird eine mit Bezugsstoff ummantelte Kunststoffschiene bezeichnet, die gerne beim Polstern als Akzentuierung im Übergang von der Sitzfläche zu den Polsterseiten verwendet wird.

Schadensbilder

Die häufigsten Ursachen für Schäden an Möbeln sind unsachgemäße Behandlung, zu trockene Luft (s. Raumklima usw.) und falsche Reinigungs- und Putztechnik.

Möbel werden aus dem Material Holz gefertigt, das in unterschiedlichsten Varianten und Formen verarbeitet wurde. Vom massiven Furnierträger in Tanne, Fichte oder Eiche bis hin zu Sägefurnier, Schäl- oder Messerfurnier.
Holz ist ein natürlicher Werkstoff und ist somit hygroskopisch, d. h. er nimmt Wasser aus der Luftfeuchtigkeit, die ihn umgibt, auf oder gibt Wasser an die Luftfeuchtigkeit ab. Je nach Raumtemperatur und den damit zusammenhängenden Klimafaktoren.

Diese Aufnahme und Abgabe bewirkt eine Veränderung des Volumens des Holzmaterials im ein- bis zweistelligen Prozentbereich. Die Volumenveränderungen, das sogenannte Arbeiten des Holzes, bewirkt durch die unterschiedlichen Konstruktionen der Möbelteile, wie Kommodendeckel oder -seiten, Schranktüren, Schubladenböden, Rückwände von Kommoden oder von Schränken, ein Zusammenziehen, Schwinden, bei zu trockener Luftfeuchtigkeit und das Quellen bei zu hoher Luftfeuchtigkeit.

Ein weiterer Faktor für das Schwundmaß ist der Verlauf der Jahresringe bzw. der Maserung beim Holz. Längs zur Faser arbeitet das Holz im Bereich von 1–2%, quer zur Faser, also in der Breite, bis zu 10% und in der Stärke des Materials bis zu 5%.
Diese Faktoren sind bei der Konstruktion von Möbeln stets zu beachten und in diesen Bereichen treten dann auch die Schäden bei zu trockener Luft auf.

Faustregel im Wohnbereich: Bei 20° C Raumtemperatur liegt die optimale relative Luftfeuchtigkeit bei 50–55%. Diese Werte sind jedoch bei heutigen baulichen Voraussetzungen, Zentralheizung, Kachelöfen, Fußbodenheizung etc. nicht zu erreichen. In den meisten Wohnräumen dürfte der durchschnittliche Wert zwischen 30 und 40% liegen.
Ein einfaches Hygrometer ist ein gutes Kontrollgerät zur Überwachung der Werte. Zu niedrige Werte haben ein permanentes Austrocknen der Möbel zur Folge, was die Hauptursache für Rissbildung in den Flächen, Furnierablösung und Lösung der Leimbindungen ist (s. Raumbefeuchter).

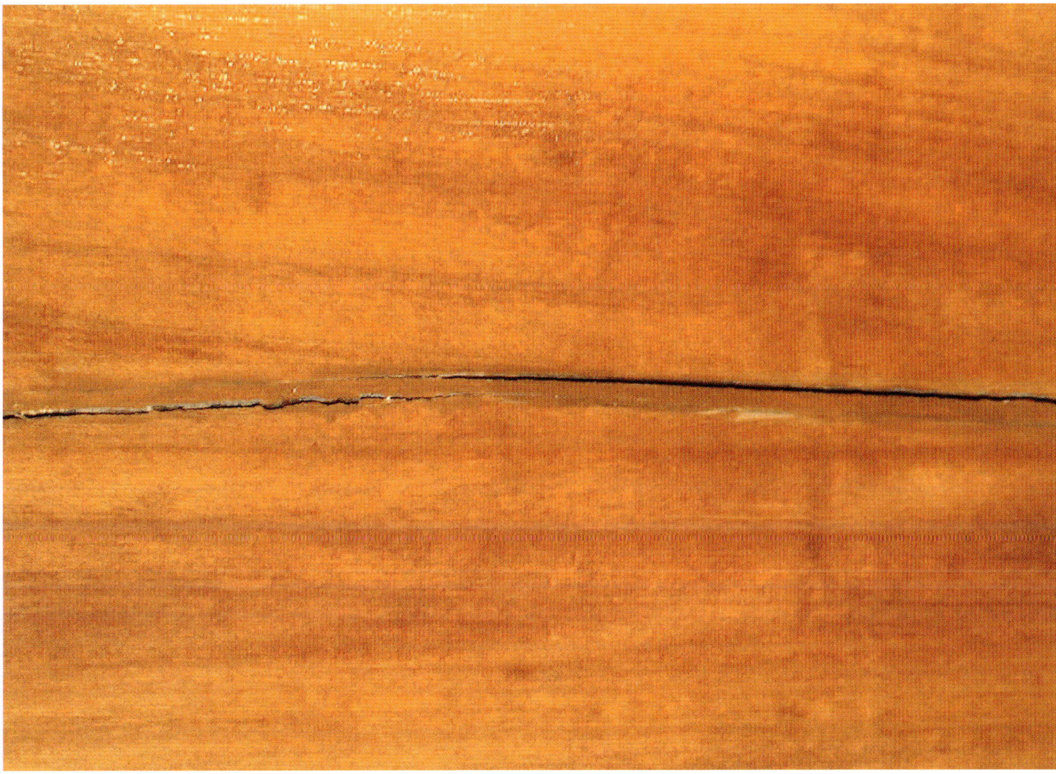

Ein typisches Schadensbild bei zu trockener Raumluft: Furnier und Furnierträger trocknen aus und reißen in Richtung der Holzfasern. Gut zu sehen: alte Kittungen von früheren Bearbeitungen.

Auch zu intensives Putzen oder Reinigen mit aggressiven Mitteln, Microfasertüchern, Polituren u. ä. verursachen oft irreversible Schäden an Oberflächen und Beschlägen.

Die heutige Architektur mit ihren großen Glasflächen und sonnenbeschienenen Böden und Wänden ist nicht förderlich, um die so sensiblen Objekte vor den UV-Strahlen zu schützen. Die UV-Strahlen des Tageslichts haben eine bleichende und strukturverändernde Wirkung auf alle natürlichen und künstlichen Oberflächen.
Versuchen Sie Ihr Möbel, wenn möglich, nicht der direkten Sonne und intensivem Tageslicht auszusetzen (s. Möbel schützen).

Zusammenfassend kann man sagen, dass all diese alten Möbel die Jahrhunderte so gut überstanden haben, weil die Klimaverhältnisse meist sehr ausgewogen waren. Wenn geheizt wurde, war es die Wärme eines offenen Kamins oder eines mit Holz geheizten Kachelofens o.ä. Diese Wärme ist anders, feuchter, wenn man so will. Die heutige Wärme in den Räumen ist, ich wiederhole mich, zu trocken und verursacht somit die meisten Schäden an diesen Möbeln.
Und somit ist die „Zentralheizung" der beste, andauernde Auftraggeber für Restauratoren. Hier dürfen auch alle fleißigen Hände erwähnt werden, die im täglichen Leben putzend und saugend dem Staub auf der Spur sind. Die fehlende Kenntnis über richtige Reinigung der Möbel ist ein weiterer Grund, dass den Restauratoren die Arbeit nicht ausgeht.

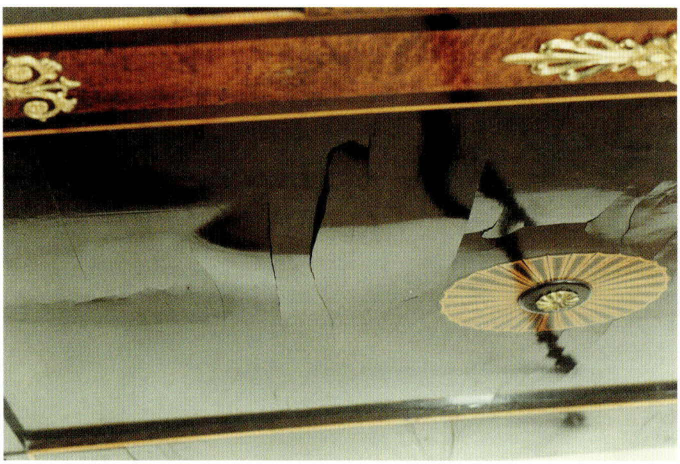

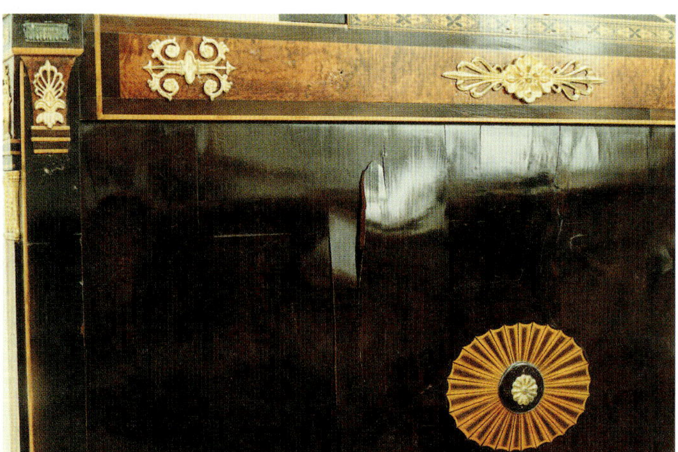

Kopfteil eines Bettes aus dem Empire um 1800

Birnenfurnier schwarz gebeizt, Wurzelmaser, Beschläge und Applikationen feuervergoldet. Deutlich im Streiflicht sichtbar sind die Furnierschäden durch zu trockene Raumluft. Das Furnier löst sich vom Furnierträger ab und bildet sogenannte Kürschen. Nach dem Niederleimen mit Warmleim und Schließen der Fehlstellen ergibt sich folgendes Bild.

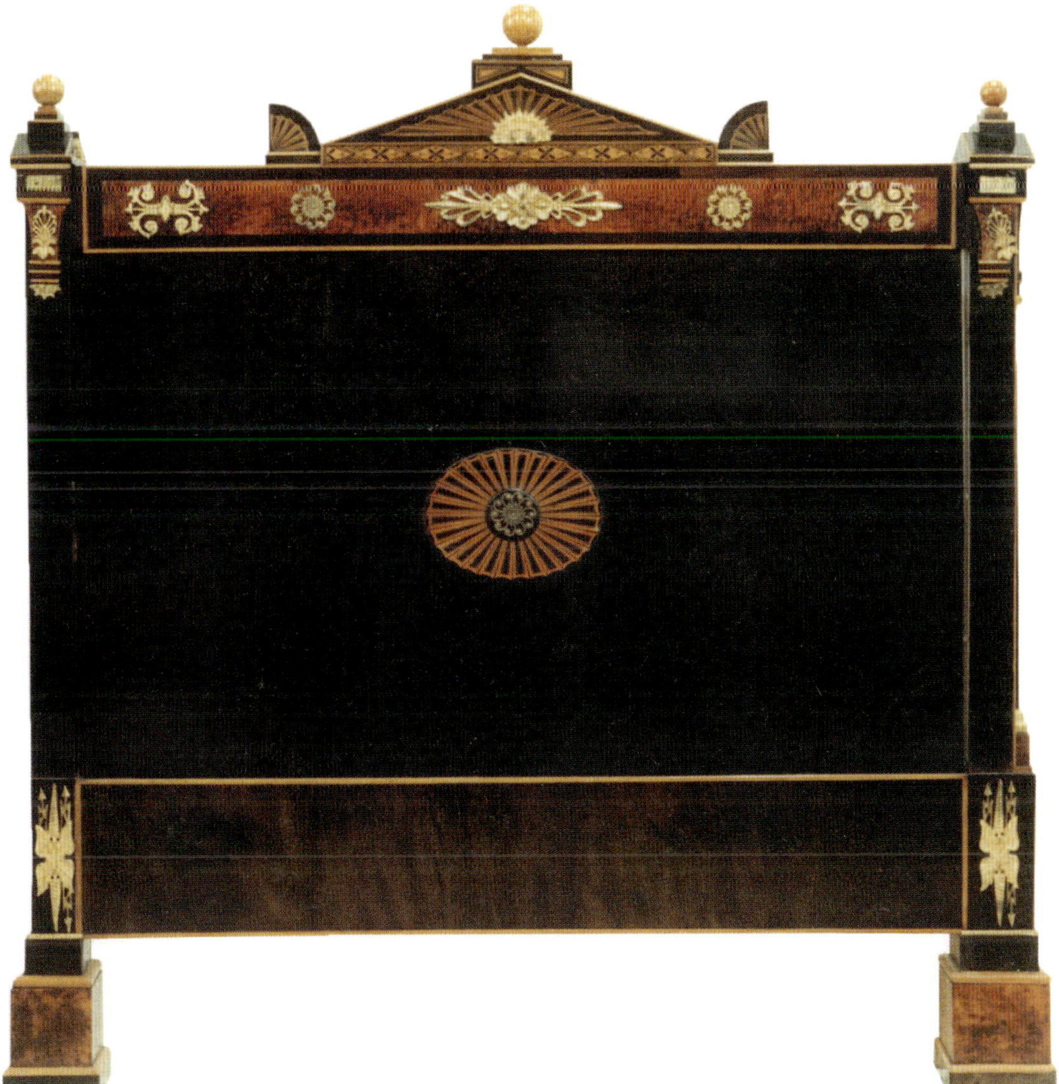

Kopfteil nach der Restaurierung:
Oberfläche vorsichtig gereinigt.

nächste Doppelseite: Bett, Frankreich, um 1790, Birnbaum ebonisiert, Birkenmaser, Lotmalerei, Applikationen feuervergoldet

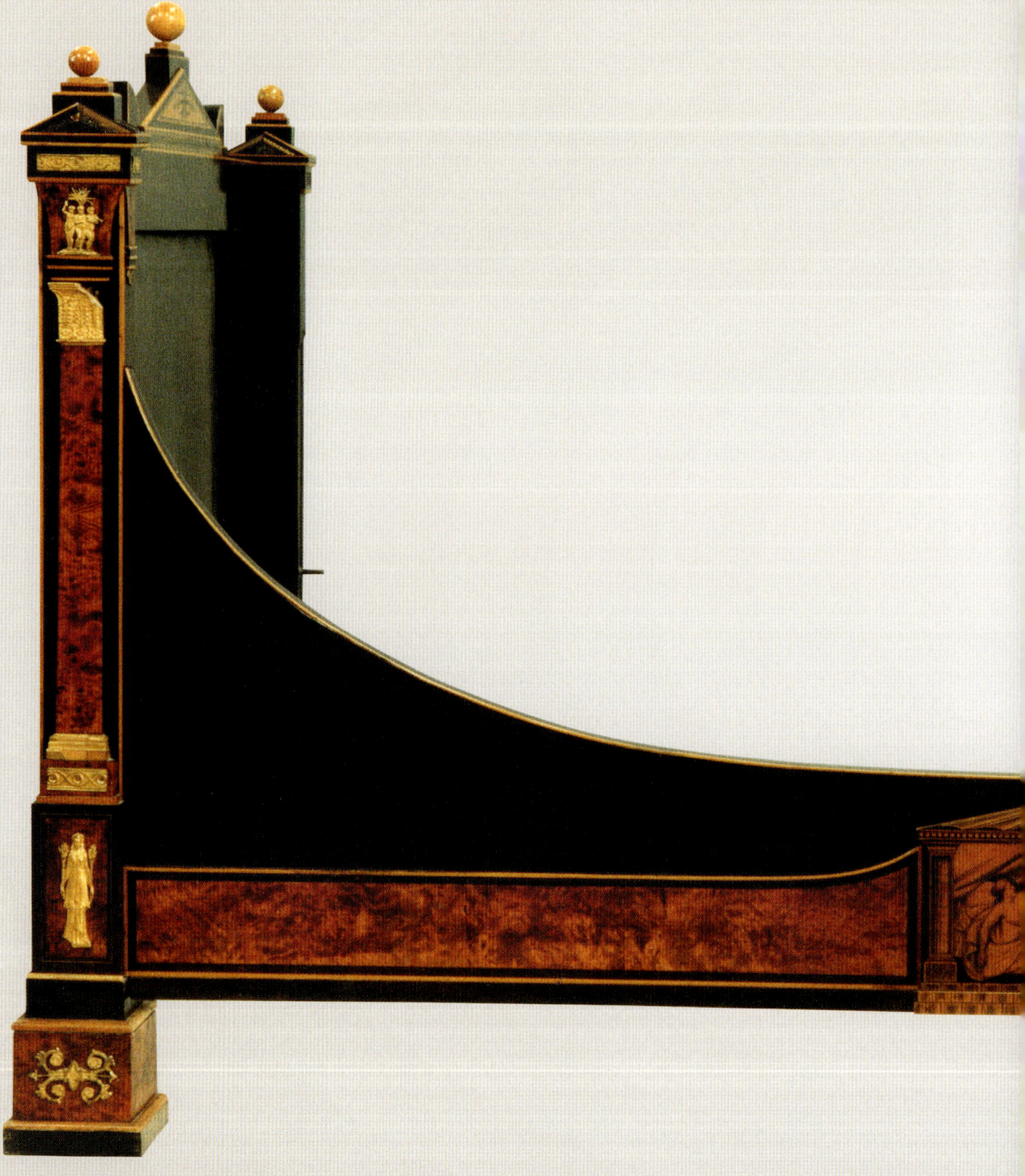

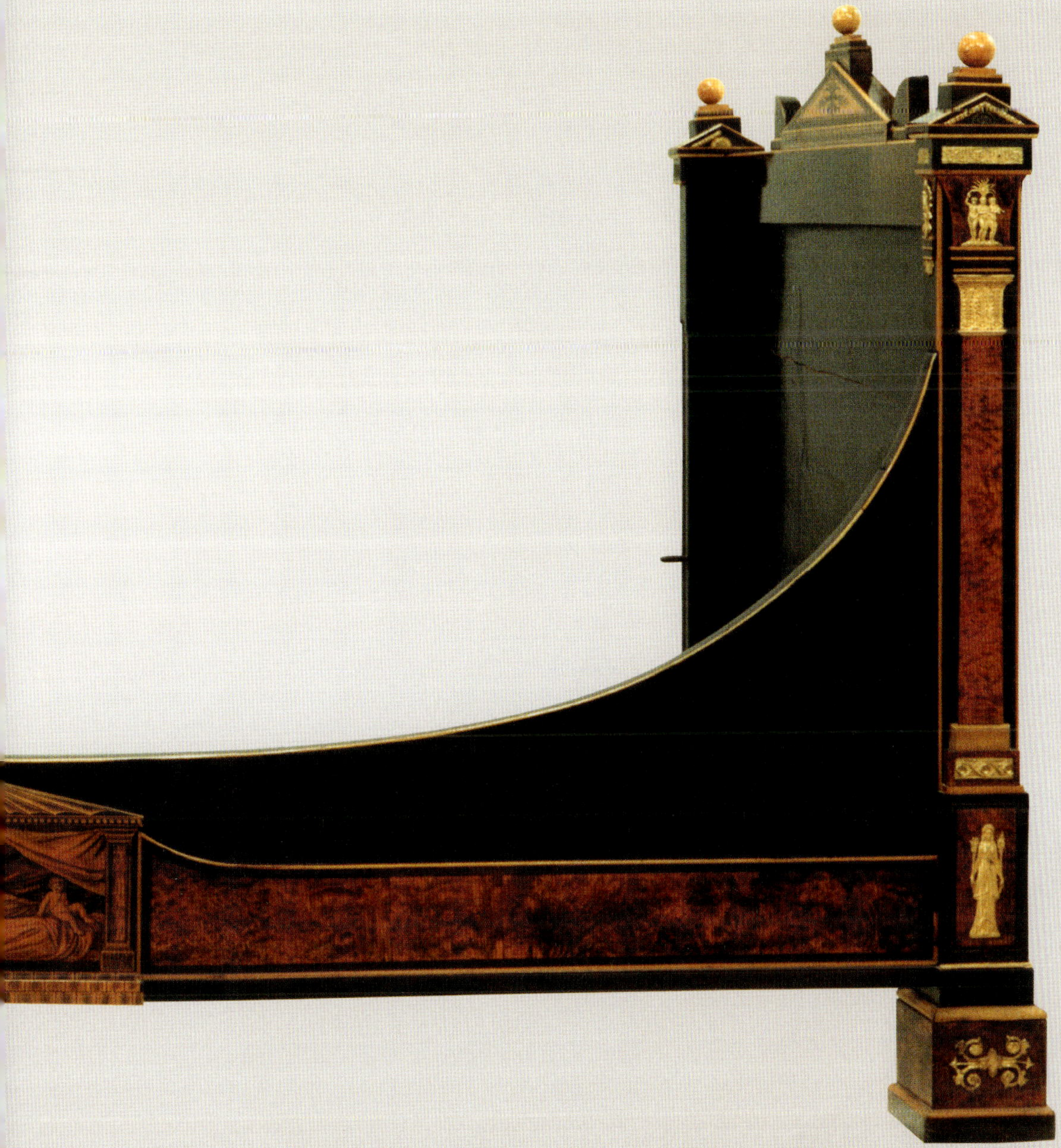

Schäden durch den täglichen Gebrauch

Aber der tägliche Gebrauch eines Möbels, und dies ist ja die hauptsächliche Funktion, birgt den langsamen Verschleiß der Objekte. Dies kann man eindrücklich an folgenden Bildern einer Laufkonstruktion einer Biedermeierkommode um 1810 sehen:

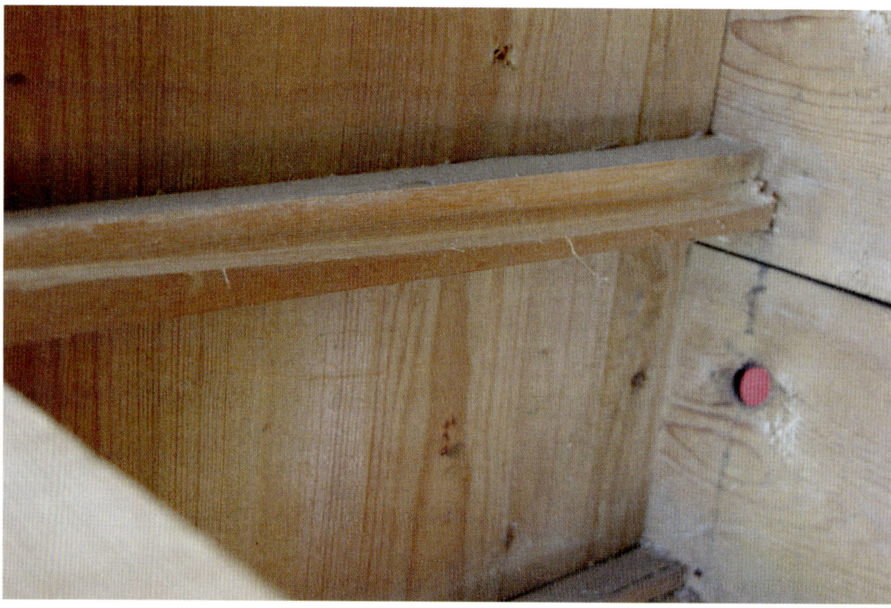

Sehr deutlich zu erkennen ist die „ausgelaufene" Laufleiste aus Nadelholz, auf der die Schublade seit mehr als 200 Jahren bei der Nutzung hin- und hergeschoben bzw. -gezogen wird. Der Abrieb erfolgt gleichzeitig auch an der Schubladenseite (s. unten). Nadelhölzer sind eigentlich für die Funktion nicht geeignet, da sie zu weich sind. Buchenholz ist wesentlich besser geeignet.
Der Abrieb beträgt teilweise 1–1,5 cm. Dadurch entsteht eine gewisse Schiefstellung der Schublade im Korpus und dies hat weitere Folgen …

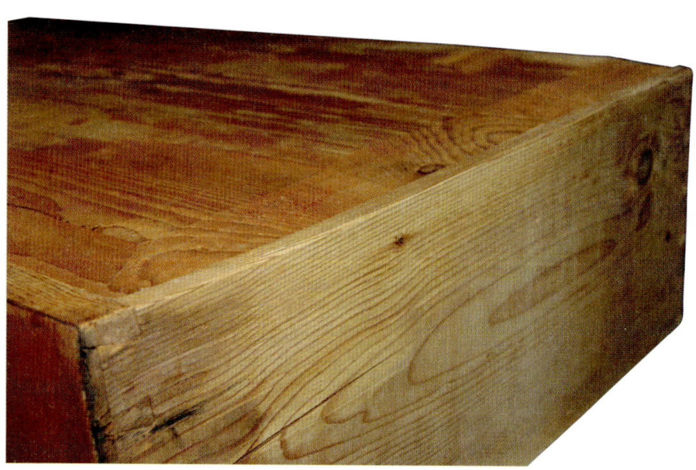

Schäden an Stühlen

Der Stuhl ist ein, entgegen der eigentlichen Schlichtheit des Objekts, sehr aufwendiges Möbel. Zählen sie einfach mal sämtliche Flächen an einem simplen Küchenstuhl. Sie werden überrascht sein. Bei der einfachsten Variante Küchenstuhl mit Sitzbrett sind es 25! Diese Zahl kann je nach mehr oder weniger aufwendigen Ausführungen sich bis auf 40 Flächen steigern.
Alle diese Flächen müssen bei der Restaurierung bearbeitet, also gereinigt, ergänzt, retuschiert werden, oder eine neue Oberfläche muss aufgetragen werden. Wir nehmen 4 Arbeitsgänge pro Fläche an, d.h. 4 x 25 = 100 Arbeitsgänge in der einfachen Variante. Und dann kommen noch alle Holzverbindungen, Zapfen mit Zapfenloch, dazu. Diese müssen auch bearbeitet werden. Zapfen reißen gerne ab und müssen erneuert werden. Je Zarge zwei Zapfen, also acht plus die Verbindung der Lehne, also in der einfachen Variante 10 Verbindungen und mehr.
Dies verdeutlicht den Aufwand und somit die oft nicht ganz günstige Restaurierung. Hier ein paar Fotos eines Stuhls während der Restaurierung:

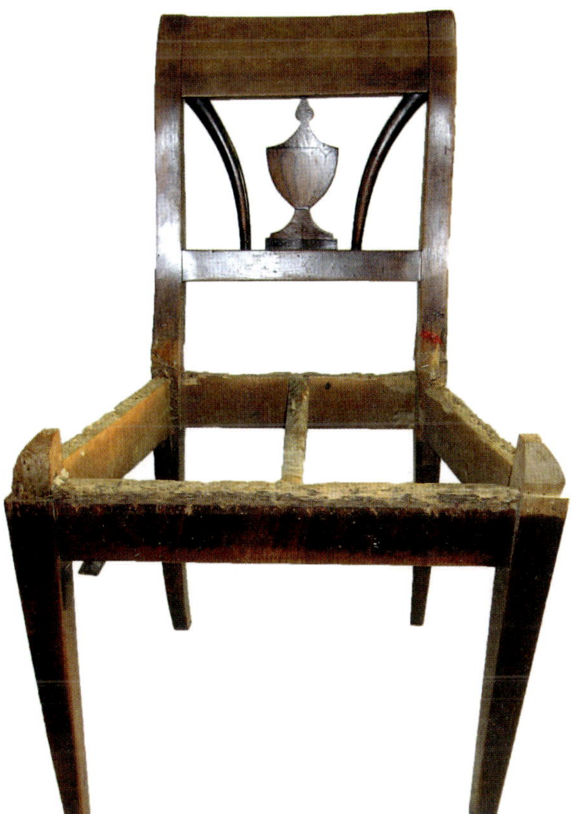

Biedermeierstuhl, um 1810, Kirschbaum, abgepolstert oder wie der Polsterer sagt: abgeplündert. Gut erkennbar die völlig „abgenagten" Nagelleisten, Farbreste, die nahelegen, dass jemand versucht hat, aus dem Kirschbaumstuhl einen Nussbaumstuhl zu machen. Was nicht selten war.

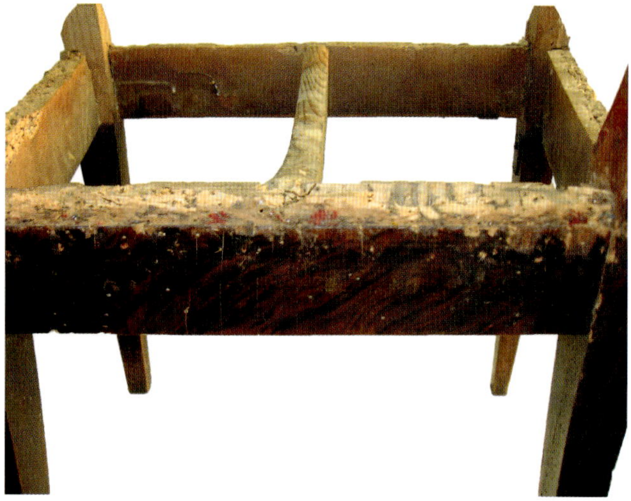

Gut zu sehen: Vorherige Polsterer haben aus Mangel an Nagelrecht in das Furnier hineingepolstert. Die Nussbaummaserierung ist gut zu erkennen.

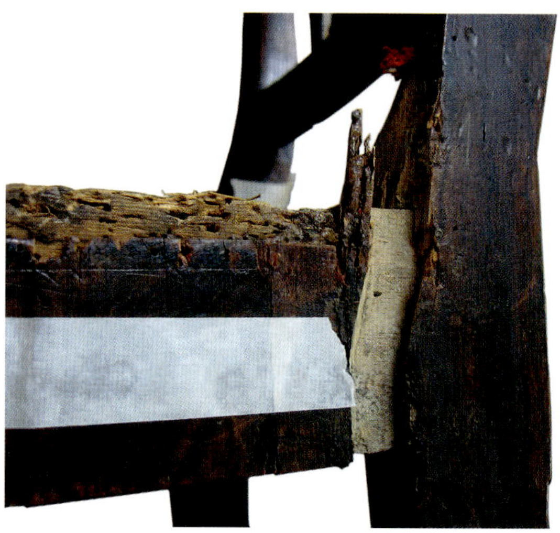

Die Schwachstelle eines jeden Stuhls: der Zapfen der Seitenzarge, die in das hintere Stuhlbein, das ab hier zum Teil der Stuhllehne wird, eingearbeitet ist. Nahezu jeder Stuhl hat an diesem Punkt ein Problem bzw. einen Schaden.

Sitzt man auf einem Stuhl, wirken durch das Körpergewicht, durch das Anlehnen an die Stuhllehne, durch Kippeln (!) hohe Kräfte auf diesen relativ kleinen Konstruktionspunkt. Je höher die Lehne, mathematisch und physikalisch erklärbar, desto mehr setzen an diesem Punkt gewaltige Kräfte an. Da brechen auch schon mal Stuhllehnen oder Stuhlbeine ab.

So wie in diesem Fall:

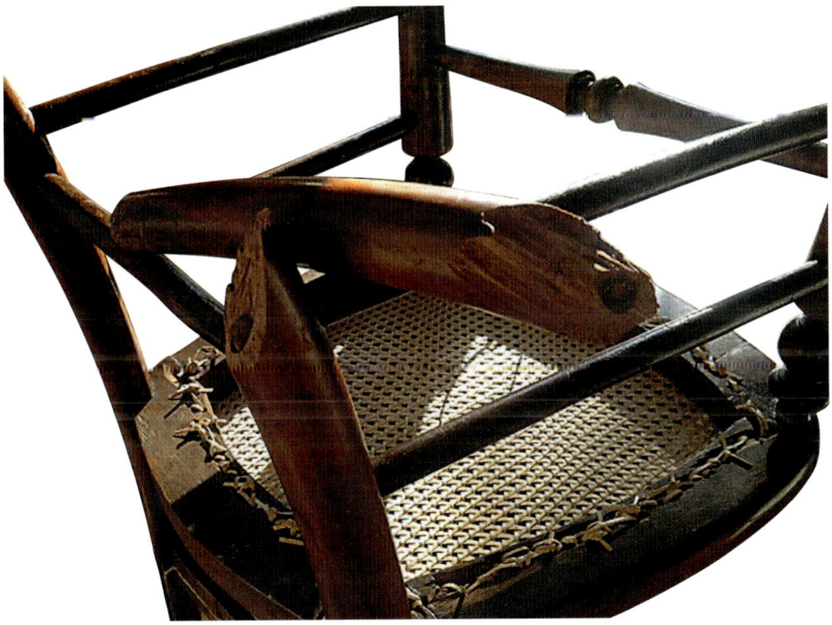

Dieser Bruch ist durch die Konstruktion des Stuhles, was ein Widerspruch zu sein scheint, als auch durch die Holzauswahl bedingt.

Fehlerquelle 1: Die Holzauswahl bei diesem Stuhlbein, Mahagoni, ist an sich schon ein nicht sehr elastisches Holz mit geringer Biegefestigkeit, es ist dazu noch kurzfasrig, und hier kommt noch dazu, dass bei der Auswahl des Holzstückes der Faserverlauf falsch ist. Fasern sollten in Richtung der Beinform verlaufen, hier laufen sie aber an dieser Stelle in einem Winkel von ca. 45°.

Fehlerquelle 2: An dieser eh schon schwierigen Stelle des Stuhlbeins wurden zwei Löcher, im 90°-Winkel versetzt, gebohrt, was die Holzsubstanz zusätzlich enorm schwächt. Diese Bohrungen werden aber dringend gebraucht, um die Sprossen einleimen zu können und somit die Versteifung und Stabilität der gesamten Stuhlkonstruktion zu gewährleisten.

WAS SIE NIE TUN SOLLTEN!

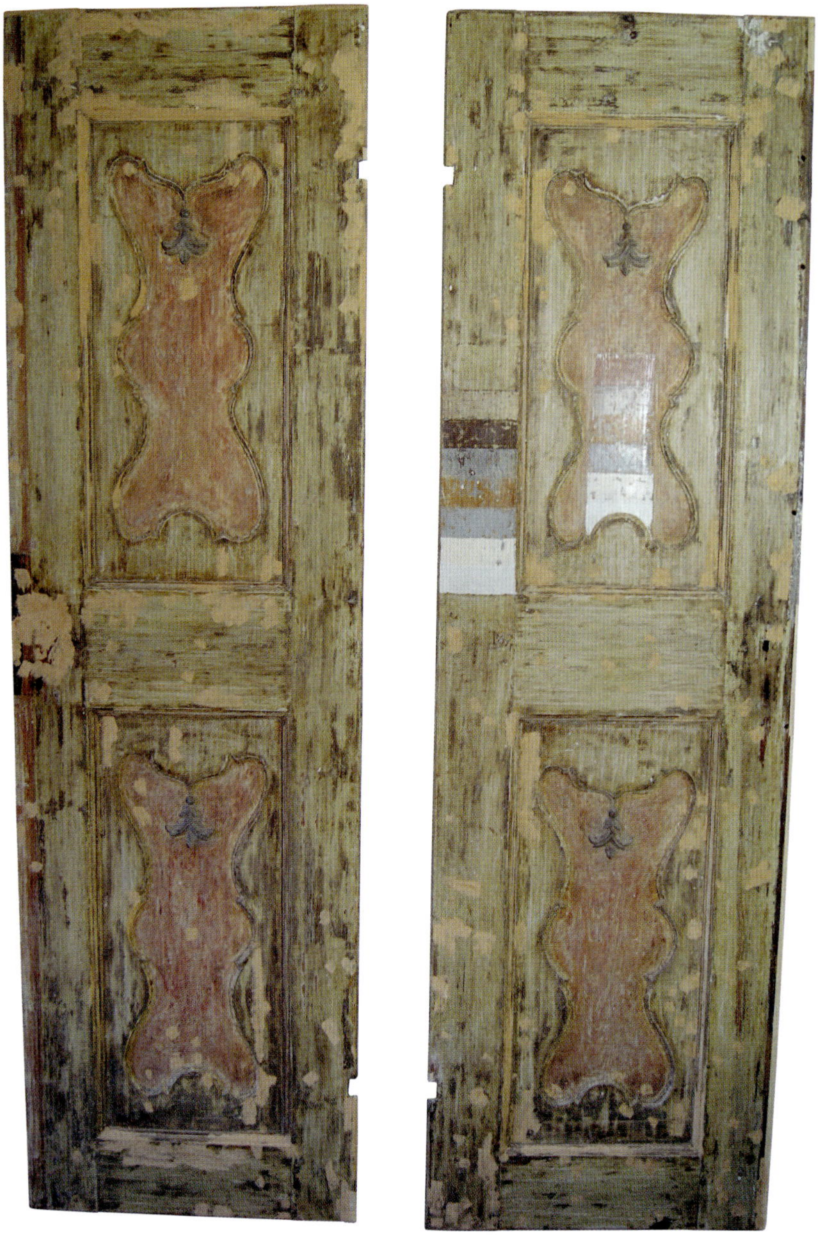

Der Kunde wollte diese Türen mit dem dazugehörigen Schrank zum Abbeizen bringen, am besten gleich in ein Tauchbad!
Nur mit Mühe konnte er davon abgebracht werden. Es sollte sich lohnen.
Auf Grund von ein paar Freilegungsproben konnte man sehen, dass von der Originalfassung doch noch einiges vorhanden war. Und der Schrank starb nicht den Tod im Ätznatronlaugenbad.

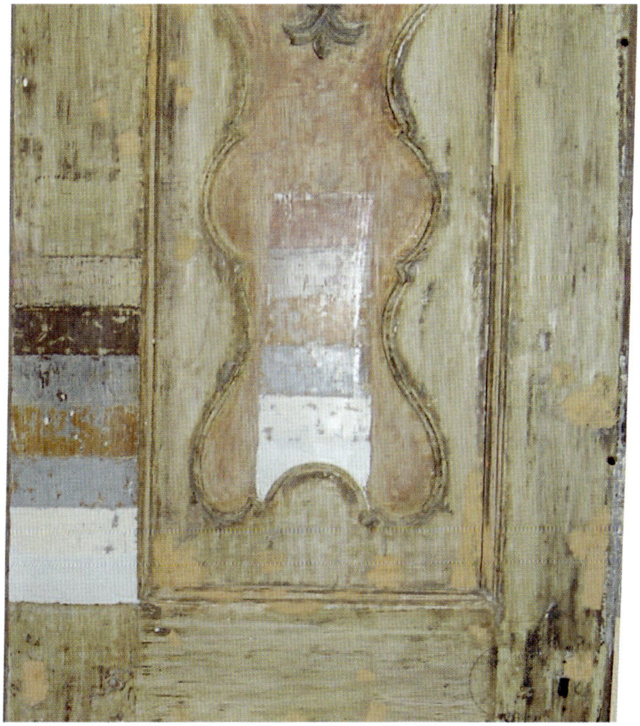

Dieser Ausschnitt zeigt exemplarisch die sieben Schichten Farbe, die dieser Schrank aus dem 18. Jh. über sich ergehen lassen musste. Sehr schön sind die Flachreliefschnitzereien der Füllungen zu erkennen. Die waren unter den Farbschichten nahezu verschwunden. Keine Konturierung mehr vorhanden.

Ein paar Worte nun zu Ablaugen, Abbeizen und anderen Bauhaustipps zum Renovieren von Schränken, Kommoden und anderen Dingen!

Auch wenn es verlockend erscheint: „Schrankabbeizen nur 50 €! In drei Tagen!" Ist doch billig und schnell. Denkt man. Billig und schnell ja, aber Sie können auch danach das Möbel wegwerfen. Denn in diesen Laugenbädern wird die gesamte Oberfläche aufgelöst und danach mit Hochdruckreiniger endgültig entfernt. Was ja eigentlich gewünscht ist. Aber was nicht gewünscht ist: Sämtliche Holzverbindungen, Schwalben und Fingerzinken, Zapfen, Überblattungen usw. lösen sich auch auf. Die Leimverbindung wird gelöst, das Holz quillt auf und trocknet nachher in der Sonne aus.
Das hält das beste Möbel nicht aus. Alle Flächen verziehen sich, schwinden und nichts passt mehr. Und was das Schlimmste ist, die Natronlauge zerstört die Holzsubstanz, die Holzfarbe verändert sich und dieser Zustand ist kaum mehr reversibel.

Diese Möbel dann wieder in einen halbwegs nutzbaren Zustand zu versetzen, ist dann richtig teuer. Da wird dann am falschen Ende gespart. Also erst den Fachmann fragen und dann entscheiden.

Noch ein Beispiel für ein „gerettetes" Möbel

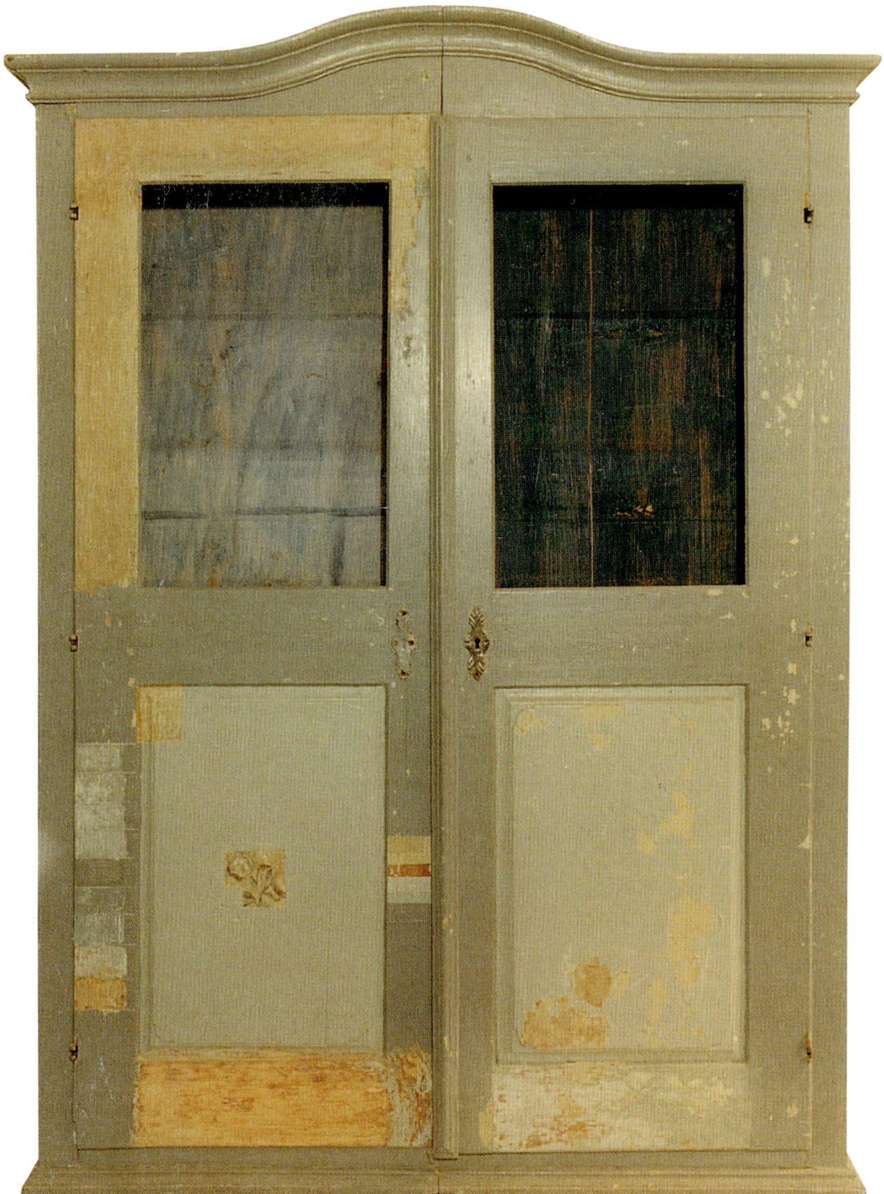

Schrank, um 1800, Tanne polychrom gefasst, zweitürig, teilbar, mehrfach überfasst. Dieser Schrank konnte auch vor dem Laugenbad gerettet werden. Die florale Malerei in der Mitte der Füllung wurde im Streiflicht sichtbar. Freilegungsproben belegten, dass die Originalfassung mit 6 bis 7 Schichten überfasst war.

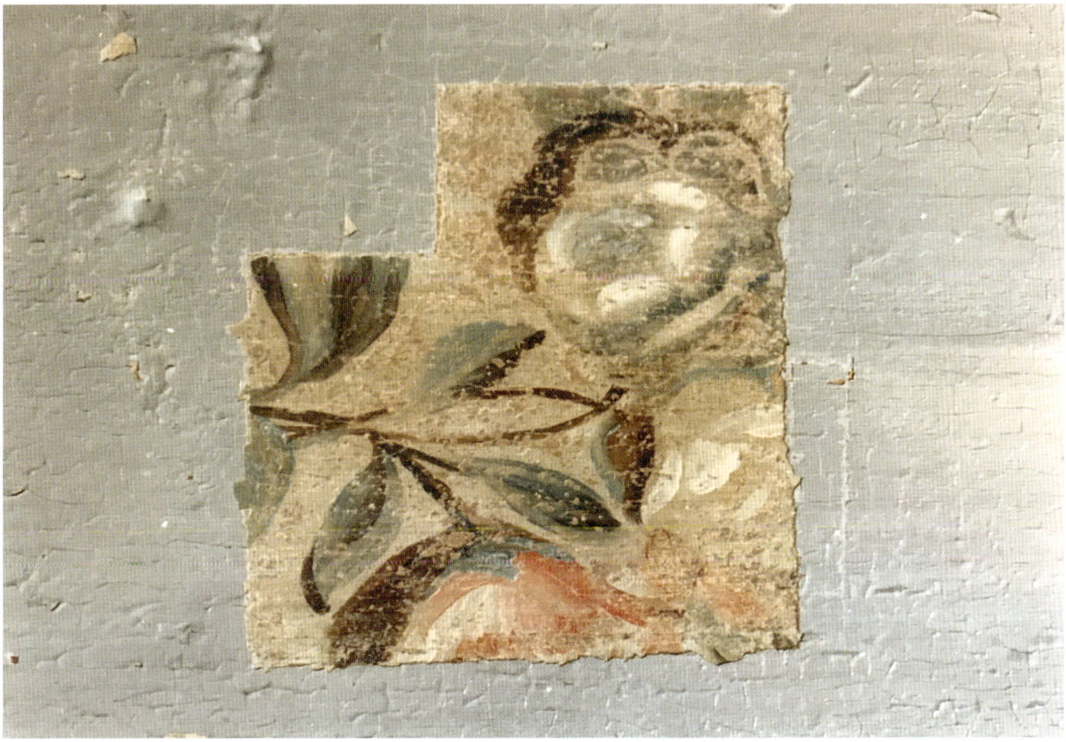

Freilegungsprobe der Malerei auf der Füllung

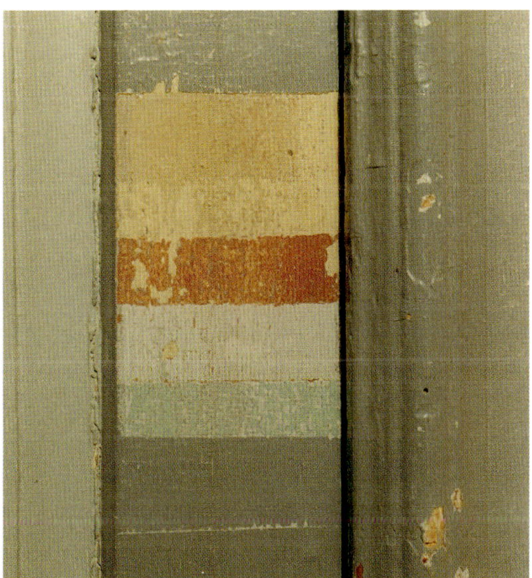

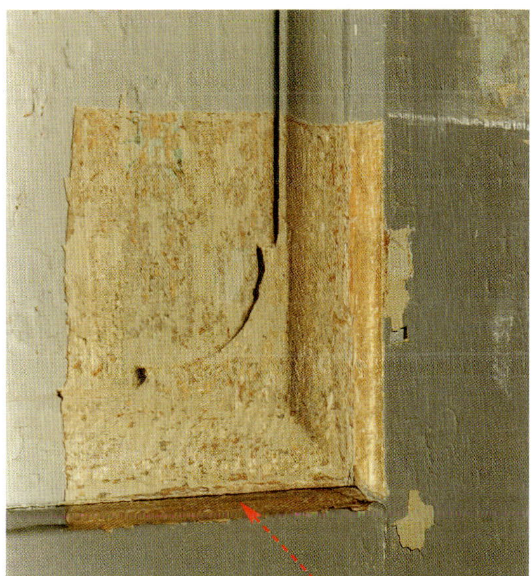

die unterschiedlichen Farbschichten am Türrahmen
die Originalfassung an der Füllung, eingeschoben in den Türrahmen

Vergoldetes Rahmenprofil

SCHÄDLINGE

Anobium punctatum = Holzwurm (wissenschaftliche Bezeichnung)

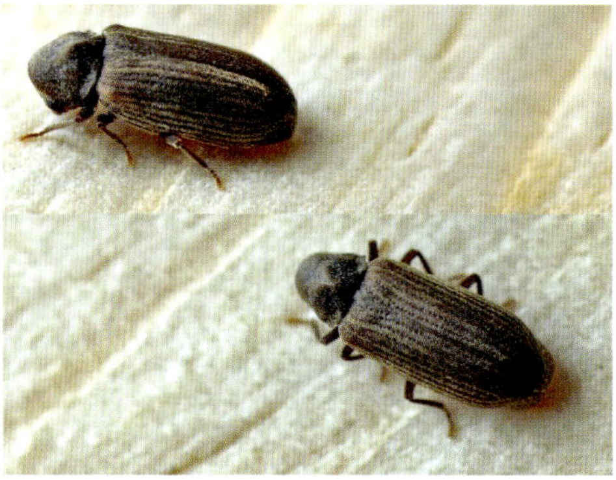

der Gemeine Nagekäfer Anobium punctatum

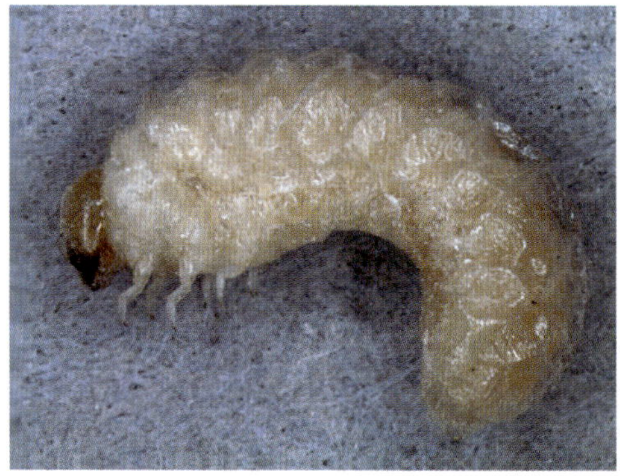

Quelle: Wikipedia

die Larve des Anobium punctatum

Der Gemeine oder Gewöhnliche Nagekäfer, umgangssprachlich wegen der Aktivität der Larven auch Holzwurm genannt, ist eine Art der Nagekäfer. Die in der Mythologie dem Holzwurm zugeordneten Klopfgeräusche als böses Omen und den nahenden Tod stammen nicht vom Gewöhnlichen, sondern meist vom Gescheckten Nagekäfer.

Der Nagekäfer legt seine Eier in verbautem Holz ab. Diese Eier entwickeln sich zu Larven, die sich dann durch das Holz fressen. Diese Larvenperiode dauert je nach Umständen zwischen mindestens 2 bis maximal 6 Jahre. Dann entschlüpft der Käfer, fliegt aus dem Ausflugsloch (1–2 mm Durchmesser) aus, sucht sich einen Partner und legt wieder Eier in einem Holzobjekt ab. Der Zyklus beginnt von vorne.
Die Bezeichnung „Holzwurm" bezieht sich also rein auf die Larvenperiode in den Entwicklungsstadien zwischen Ei und adultem Käfer.
Die Larve frisst sich durch das Holz und scheidet ein feines, weißes, leicht klebriges „Mehl", den Kot, aus. Dieser verbleibt in den Fraßgängen. Bei Benutzung eines Möbels entstehen immer minimale Erschütterungen. Diese rütteln das Kotmehl aufgrund der Schwerkraft in Richtung der offenen Ausfluglöcher und fallen dort dann zu Boden. Diese Häufchen sind dann ein sicheres Anzeichen für den Befall mit *Anobium punctatum*. Ob der Befall akut ist, also ob noch aktive Larven im Möbel sind, ist an der Klebrigkeit und Form der Mehlhäufchen festzustellen.
Ist das Bohrmehl hell und kegelförmig aufgehäuft, ist eine Aktivität des Schädlings oder seiner biologischen Gegenspieler (Feinde) anzunehmen.
Ist der Haufen curry- oder sandfarben und trocken, so kann man annehmen, der Befall ist alt und die Larven sind nicht mehr aktiv.

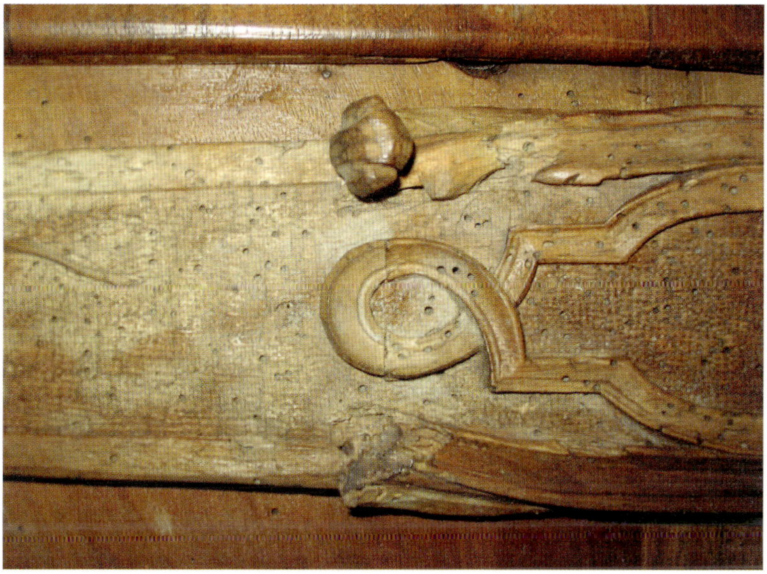

Beispiel eines von Anobien befallenen Schrankteiles (Lisene in Nussbaum gefertigt)

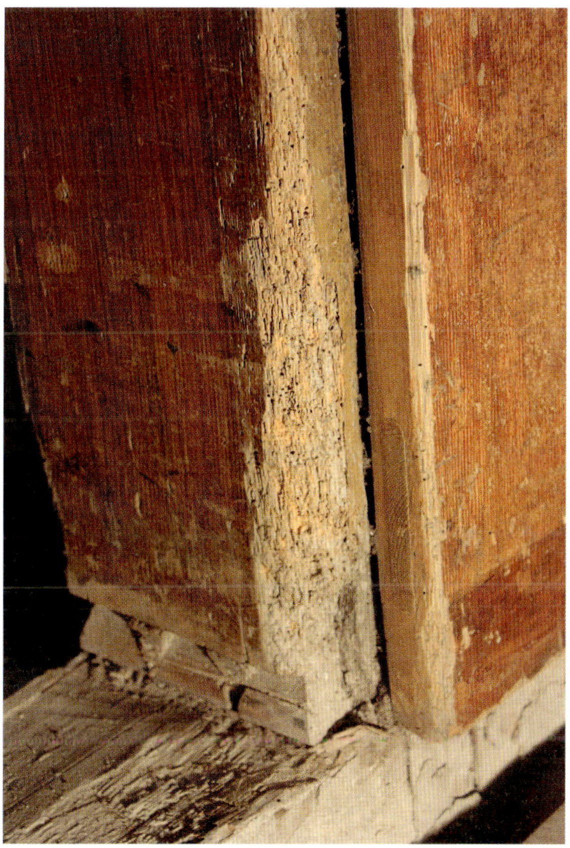

Detail eines Schrankes mit starkem „Wurmbefall", gut zu erkennen ist die Schwalbenschwanzverbindung des Korpus

Maßnahmen

Man kann gegen Anobienbefall prophylaktisch nichts unternehmen, außer die Möbel befinden sich in der Nähe von befallenem Schnittholz oder Lagerholz, das Befall aufweist. Dann sollte man die Möbel separieren und ggf. nach Käfern absuchen (Größe 2,5 bis 5 mm). Der Käfer mag es kühl und feucht und vor allem dunkel.

Sollte ein Verdacht auf Befall bestehen, gibt es mehrere Möglichkeiten der Behandlung.

1. Sauerstoffentzug: Behandlung mittels Sauerstoffentzug (modifizierte Atmosphäre) durch ausgewiesene Fachfirmen.

2. Mikrowelle: Lokale Behandlung mit Mikrowellen, dabei wird das Holz als Medium um die Larve erhitzt und das Insekt durch Wärme abgetötet.

3. Feuchtegeregeltes Warmluftverfahren: Kontrollierte Zuführung von Wärme und Luftfeuchtigkeit (sogenanntes feuchtegeregeltes Warmluftverfahren), ebenfalls durch ausgewiesene Fachfirmen. Diese Methode ist bei Möbeln aber nicht zu empfehlen, da erhöhte Wärme- und Feuchtigkeitszufuhr schädigende Auswirkungen auf die verleimten Holzverbindungen und Furnieraufleimungen haben wird. Diese Technik empfiehlt sich eher bei Konstruktionsholz im Treppen- und Dachstuhlbau.

4. Trockenverfahren: Man kann das Möbel in einer trockenen Umgebung lagern, wo die Luftfeuchte nicht höher als 50–60% betragen darf, was normalerweise in zentralbeheizten Räumen der Fall ist. Durch die Absenkung der Holzausgleichsfeuchte auf unter 10–12% können sich die Larven des Holzwurms nicht weiter entwickeln. Ein Befall kann dadurch innerhalb eines Jahres zum Erliegen kommen.

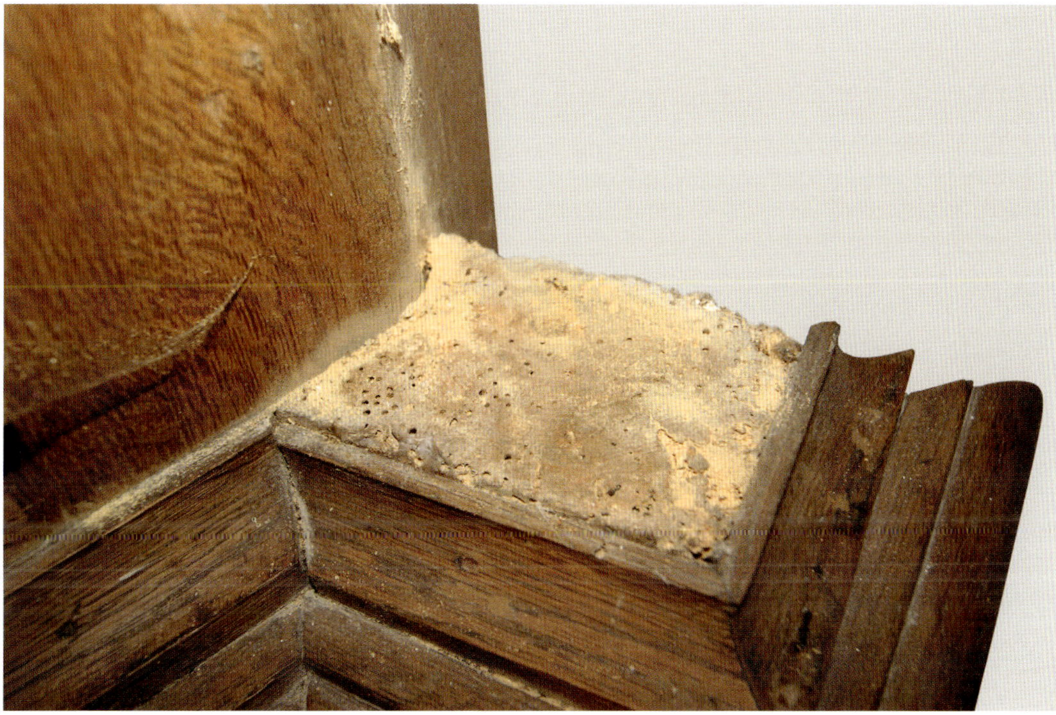

Stark von *Anobium punctatum* („Holzwurm“) befallenes Holzobjekt. Gut zu sehen sind die Fluglöcher und das „Wurmmehl“, der Kot der Larve.

Reinigung und Pflege

Möbel sollten stets pfleglich und achtsam behandelt werden. Vermeiden Sie jegliche Putzmittel, Polituren und „Zaubermittel" aus der Werbung, die tolle Effekte versprechen und diese nie halten werden und können.
Ein einfaches Baumwolltuch, trocken oder max. „nebelfeucht", ist die beste Möglichkeit um Staub von den Oberflächen zu nehmen. Auch Staubwedel, die statisch aufgeladen sind, tun gute Dienste, denn sie greifen die Oberfläche nicht mechanisch an und nehmen doch Staub auf. Was Sie absolut vermeiden sollten, sind Microfasertücher und Möbelpolituren.

Microfasertücher sind wie ganz feines Schleifpapier. Durch feinste Härchen nehmen sie den Schmutz auf, reiben aber gleichzeitig am Überzug der Oberfläche und nehmen so auf die Dauer bei jedem Wisch Teile der Oberfläche mit, was zur Folge hat, dass nach einer gewissen Zeit je nach Intensität keine Oberfläche mehr vorhanden sein kann.

Möbelpolituren beinhalten sehr häufig flüssiges Silikon und verschaffen im ersten Moment einen „auffrischenden" und „intensiven" Glanz auf der Lackoberfläche. Doch nach wenigen Tagen ist das Silikon in die Holzstruktur eingedrungen und der Vorgang beginnt von Neuem. Das eingedrungene Silikon setzt sich in der unteren Holzstruktur fest und reichert sich an. Dieses Silikon kann nie mehr entfernt werden und beschädigt jede historische Oberfläche und schädigt das Möbel und somit den Wert.

Verschiedene Schadensbilder und kleine Tipps

Kerzenwachs auf einer massiven Holzoberfläche:
Wachstropfen aushärten lassen, mit einer Kartenkante aus Kunststoff (alte Kreditkarte, Teigschaber o. ä.) in einem sehr flachen Winkel das Wachs abschaben und das restliche Wachs im Holz vorsichtig mit einem Föhn erwärmen und abreiben.

Wachs auf einer polierten bzw. lackierten Fläche:
Ebenso wie oben verfahren. Bitte nicht erwärmen, da dies zu Schäden im Lack führen könnte. Bei größerem Schaden bitte den Fachmann konsultieren.

Tinten- oder Farbflecke:
Bitte den Restaurator konsultieren, denn es ist der Einsatz von chemischen Lösemitteln notwendig.

Der richtige Standort:
Natürlich soll das gute Stück einen besonderen Platz haben und den Besitzer täglich erfreuen. Dennoch sollten folgende Dinge beachtet werden, damit man noch lange Freude an dem schönen Möbel haben kann:

Möglichst kein direktes Sonnenlicht!

Versuchen Sie Ihr Möbel so zu stellen, dass kein direktes Sonnenlicht darauf scheint.

1. Sonnenstrahlen erwärmen noch zusätzlich das Möbel und die Holzfeuchte sinkt weiter.
2. UV-Strahlen zerstören auf Dauer die Farbe in der Holzstruktur und verändern bzw. zerstören unwiederbringlich die Lacke auf dem Möbel. Es bilden sich feinste Risse (Krakelées) und dort kann Feuchtigkeit unter die Lackschicht gelangen und der Lack wird blind und stumpf.
3. Gute Tagesrollos und auch UV-abweisende Fensterscheiben sind eine Möglichkeit, kostenneutraler sind Vorhänge und Paravents, die temporär zum Einsatz kommen. Fachfirmen geben hierzu gerne Auskunft.

Kontrolle der Luftfeuchtigkeit!

Die Luftfeuchtigkeit in Ihren Wohnräumen ist ein absolut entscheidender Faktor, der für den Erhalt des Möbels wichtig ist. Schaffen Sie sich ein digitales Hygrometer, nicht teuer im Fachhandel, an und messen Sie über mehrere Wochen die Temperatur und die Luftfeuchte.

Optimal wäre es, wenn Sie die Zeit haben, Wetteraufzeichnungen zu machen und somit einen Zusammenhang zwischen Raumklima und Außenwitterung herstellen zu können. In den meisten Fällen sind die Wohnungen zu warm und zu trocken.

Ein sehr guter Wert wäre: ***20°C und 50% bis 55% relative Luftfeuchte***
Dieser Wert würde Ihrem Möbel und auch Ihren Atemwegen gut tun. Denn zu trockene Raumluft trocknet Ihre Schleimhäute aus und Sie sind anfälliger für Schnupfen und Erkältungen. Fragen Sie mal Ihren Arzt.
Es ist klar, dass man nicht immer optimale Verhältnisse haben kann, aber es zu wissen und danach zu streben ist schon ein großer Fortschritt. Wenn Sie zu trockene Luftwerte, vermutlich zwischen 30 und 40%, haben sollten, gibt es die Möglichkeit, mit Luftbefeuchtern zu arbeiten.

Luftbefeuchter

Luft hat die Eigenschaft, bei bestimmter Temperatur eine gewisse Menge an Feuchtigkeit aufzunehmen (siehe Tabelle rechts).

Beispiele: Bei einer Raumtemperatur von 20°C und 50% Luftfeuchte trägt ein m^3 Luft 8,65 g Wasser. Bei einer Raumtemperatur von 12°C und 50% Luftfeuchte trägt ein m^3 Luft nur noch 5,33 g Wasser. Dies bedeutet: Man braucht eine bestimmte stabile Raumtemperatur, um die passende Menge Wasser in der Luft zu haben. Steigt die Wassermenge bei gleicher Temperatur, so beginnt das Wasser in der Luft zu kondensieren, sinkt die Wassermenge bei gleicher Temperatur, so wird es zu trocken. Das bedeutet wiederum, dass kalte Luft auch zu trocken ist! Siehe 0°C Raumtemperatur bei 50% Luftfeuchte: nur noch 2,42 g Wasser pro m^3 Luft!
Dieses zeigt, wie entscheidend eine gute Klimatisierung der Räume ist. Dafür sollte man über einen Luftbefeuchter nachdenken. Da gibt es eine sehr große Spannbreite von Geräten, die man sich anschaffen kann.
Wichtig ist, das Raumvolumen, in dem die Möbel stehen, vorher zu berechnen, denn dieses Volumen ist ausschlaggebend für die Größe und Leistungsfähigkeit des Befeuchters.
Von sehr günstigen Befeuchtern aus dem Baumarkt ist abzuraten, weil die nach kurzer Zeit durch das benutzte Leitungswasser zu Algen- und Bakterienschleudern mutieren. Davon ist abzuraten.
Die etwas teureren Spezialgeräte werden mit destilliertem Wasser und Reinigungszusätzen betrieben und bedürfen aber einer regelmäßigen Reinigung und Pflege. Fachfirmen beraten Sie sicherlich gerne.
Die teuerste, aber auch die beste Lösung sind fest installierte, an den Wasserkreislauf angeschlossene Geräte, die regelmäßig die Temperatur und die Luftfeuchte messen und automatisch sich den Verhältnissen angleichen. Fragen Sie bei Fachfirmen und ggf. auch Museen an, die geben meist gerne Auskunft.

Luft-temperatur	relative Luftfeuchte					
	100%	90%	80%	70%	60%	50%
20°C	17,29	15,56	13,83	12,10	10,37	8,65
18°C	15,37	13,84	12,30	10,76	9,22	7,69
16°C	13,63	12,27	10,90	9,54	8,18	6,82
14°C	12,07	10,87	9,66	8,46	7,24	6,04
12°C	10,67	9,60	8,53	7,47	6,40	5,33
10°C	9,41	8,46	7,52	6,58	5,64	4,70
8°C	8,28	7,45	6,62	5,80	4,97	4,14
6°C	7,26	6,54	5,81	5,08	4,36	3,63
4°C	6,36	5,73	5,09	4,46	3,82	3,18
2°C	5,56	5,00	4,45	3,89	3,34	2,78
0°C	4,85	4,36	3,88	3,39	2,91	2,42
-2°C	4,14	3,72	3,31	2,90	2,48	2,07
-4°C	3,52	3,17	2,82	2,47	2,11	1,76
-6°C	2,99	2,69	2,39	2,09	1,79	1,49
-8°C	2,53	2,28	2,02	1,77	1,52	1,27
-10°C	2,14	1,93	1,71	1,50	1,29	1,07
-12°C	1,80	1,52	1,44	1,26	1,08	0,90
-14°C	1,52	1,37	1,21	1,06	0,91	0,76
-16°C	1,27	1,14	1,02	0,89	0,76	0,64
-18°C	1,07	0,96	0,85	0,75	0,64	0,53
-20°C	0,88	0,79	0,70	0,62	0,53	0,44

Tabelle zur Luftfeuchte in Abhängigkeit von der Raumtemperatur:
Wie viel Gramm Wasser befinden sich bei einer bestimmten Temperatur in einem m^3 Luft?

FÄLSCHUNGEN

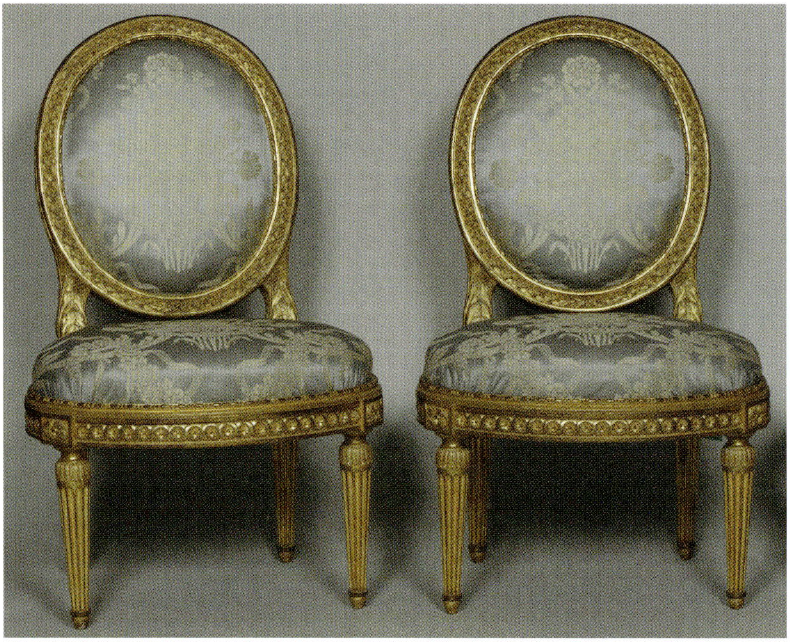

Stühle der Madame Dubarry, 18. Jh., ein Paar ist echt und ein Paar ist gefälscht.

Es begann im Jahre 1792: Die Inventar-Kataloge der Königin sind verschollen. Seither können nur noch Experten sagen, was echt ist und was nicht. Was bei Möbeln nicht immer leicht ist. Möbel verschleißen, werden benutzt und werden restauriert. Einen Originalzustand als Referenz gibt es nicht. Für die Echtheit stehen Experten und mit ihrer Expertise haben sie viel Macht und werden dafür gut bezahlt.
Pariser Galerien und Kunsthändler haben in den vergangenen Jahren und Jahrzehnten ein Geflecht von Experten, Kunsthändlern und Kunsthandwerkern geschaffen, die sich gegenseitig die Echtheit ihrer gefälschten Möbel, in diesem Fall die oben genannten Stühle, bestätigen.
Hier verbindet sich zugegeben hervorragende Handwerkskunst durch Tischler, Vergolder und andere Gewerke, spezialisiert auf ihr jeweiliges Gewerk und ausgestattet mit höchster krimineller Energie. Denn, wie immer, es geht um viel Geld. 840.000 Euro hat das Schloss Versailles für zwei Stühle bezahlt, weil ein anerkannter Experte, den niemand kritisieren wollte und konnte, diese Stühle als echt bezeichnete und aber gleichzeitig diese Fälschungen in Auftrag gab. Und weil's so gut lief, schob man gleich noch weitere Möbel hinterher. Hier auch wieder so um die 400.000 Euro pro Stück. Bereits im Jahre 2007, so stellte sich jetzt heraus, sollen Gelder in Höhe von 1,47 Millionen Euro auf Offshorekonten gelandet sein. Dies fanden jetzt die Fahnder heraus, weil ein sehr renommierter Pariser Antiquitätenhändler sich offenbart hat. Die Szene wusste seit Jahren Bescheid, dass dieser Händler gefälschte Möbel teuer an ausländische Sammler verkaufte. Aktuell läuft ein Prozess zu diesen Vorgängen vor einem Pariser Gericht.

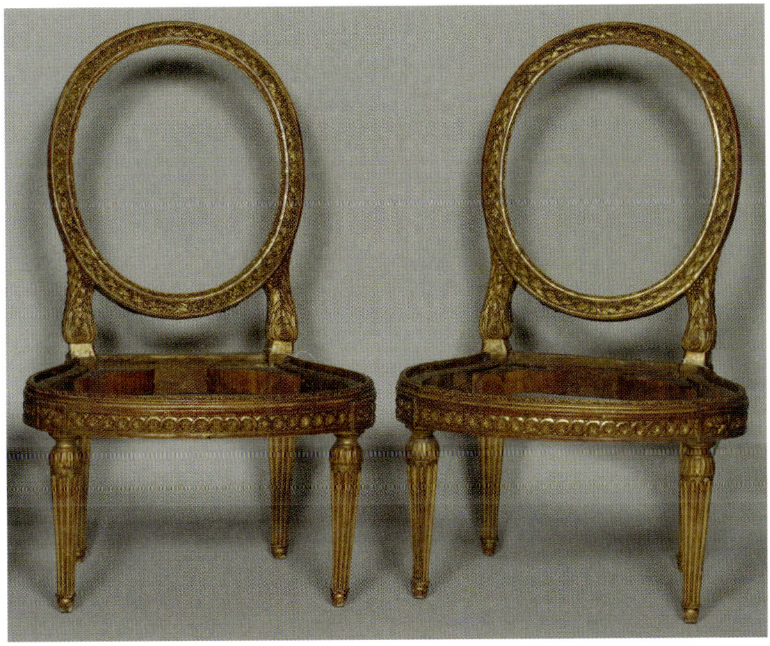

von hervorragenden Kunsttischlern und Kunsthandwerkern gefertigt, Ort des Geschehens: Versailles, Paris, Frankreich, 2016

Gleiches Metier, andere Darsteller:
In seinem Buch: *„Denn Sie wollen betrogen sein …, Bekenntnisse eines Antiquitätenfälschers"* beschreibt 1935 André Mailfert (1884–1943), wie er das Fälschen von Möbeln perfektioniert hat, eine Art „Fälscherfabrik" für Möbel installierte und von Anfang des 20. Jh.s bis weit nach dem 1. Weltkrieg gefälschte Möbel in Serie produzierte und an Liebhaber, Händler und Museen verkaufte. Er behauptet, dass ein großer Prozentsatz von Möbeln in französischen Museen aus seinen Werkstätten kämen. In einigen Museen hätte er deshalb Hausverbot.
Er entwickelte Techniken, mit Staub aus Kirchtürmen „alten" Staub auf Möbelinnenseiten zu verteilen, Gürtler verstanden es, Möbelbeschläge perfekt zu patinieren, Fliegenschiss konnte imitiert werden, die Oberflächen erhielten eine beeindruckende Patina, aus alten Türen und Portalen entstanden Möbel, die älter waren als die Türen je waren.
Es ist sehr lesenswert, dieses Buch, es erschreckt und amüsiert gleichzeitig. Leider ist es nur noch im Antiquariat erhältlich.

Gefälscht wurde immer, Römer kopierten griechische Statuen, in der Renaissance wurde Kunst angeboten, die nicht so alt war, wie sie vorgab. Es geht durch die Jahrhunderte der Kunstgeschichte, war etwas begehrt und somit teuer und wertvoll, lohnte es sich, es zu kopieren und somit zu fälschen. Oft waren die Kopisten die besseren Handwerker als die Erschaffer des Originals.

ECHT ODER GEFÄLSCHT?

Im Falle von gefälschten Möbeln sollte man ein paar Dinge beachten, die einem helfen können zu entscheiden, ob dieses Ding, das vor einem steht, echt ist oder nicht.

Verlassen Sie sich auf Ihr Gefühl, betrachten Sie das Möbel intensiv. Von allen Seiten, von vorne, hinten, unten und oben. Immer wieder und hören Sie auf Ihre innere Stimme. Haben Sie ein gutes Gefühl, dann gehen Sie zu Schritt zwei. Haben Sie kein gutes Gefühl, lassen Sie die Finger davon.

Es gehört eine langjährige Erfahrung dazu, beim ersten Eindruck das Möbel zu „lesen". Das Foto mit den Stühlen am Anfang dieses Kapitels zeigt, bei genauerer Betrachtung, dass die beiden ungepolsterten Stühle eine etwas andere Farbe in der Vergoldung haben. Zumindest auf dem Foto. Das Gold wirkt etwas rötlicher, etwas zu viel „Patina". Dies könnte schon ein Hinweis sein, ein Zögern hervorrufen.
Man sollte schon etwas über Möbel wissen, etwas Ahnung über die Stilrichtungen haben, was war zu der Zeit in Mode, was war technisch möglich, was sagt die Literatur über die einzelnen Epochen. Lesen Sie viele alte Kataloge von Auktionshäusern, gehen Sie in Museen und schauen Sie sich TV-Sendungen über Möbel und Antiquitäten im Allgemeinen an. Langsam bekommen Sie einen Blick dafür, langsam werden Sie ein Gefühl, ein Gespür bekommen. Das dauert aber. Sie brauchen Geduld. Und dann gibt es noch die Restauratoren, die können Ihnen gerne beim An- und Verkauf weiterhelfen. Die haben den Blick dafür, es ist ja ihr Beruf.

Schauen Sie sich die Möbel genau an, nehmen Sie sie in die Hand, fühlen Sie die Oberfläche. Sehen Sie Bearbeitungsspuren, die eigentlich nicht möglich sind in der Zeit: Spuren von Kreissäge, Bandsäge, Fräse usw. Sind die Furniere ungewöhnlich dünn, sind die Intarsien oder Marketerien zu exakt geschnitten, ist das Bandwerk zu gerade oder extrem schlampig gearbeitet ... Vorsicht!
Glänzen die Oberflächen sehr, liegt über allem so ein leichter orangefarbener „Patinaschleier", dann sollten Sie skeptisch werden.
Ganz wichtig: Schauen Sie sich die Beschläge und Schlösser mit den Schlüsseln an. Oft sind es schlecht gemachte Abgüsse mit einer übertriebenen Alterungsoberfläche, die Schlösser passen oft nicht in die vorgesehenen Ausstemmungen oder Taschen, die Schlüssel haben eine Gussnaht und sind Massenprodukte.

Am besten drehen Sie einen Stuhl oder Hocker immer erstmal um, von unten sieht man oft mehr, Bearbeitungsspuren, Stempel, wenn man Glück hat, vielleicht sogar Aufkleber oder am besten Inventarnummern.

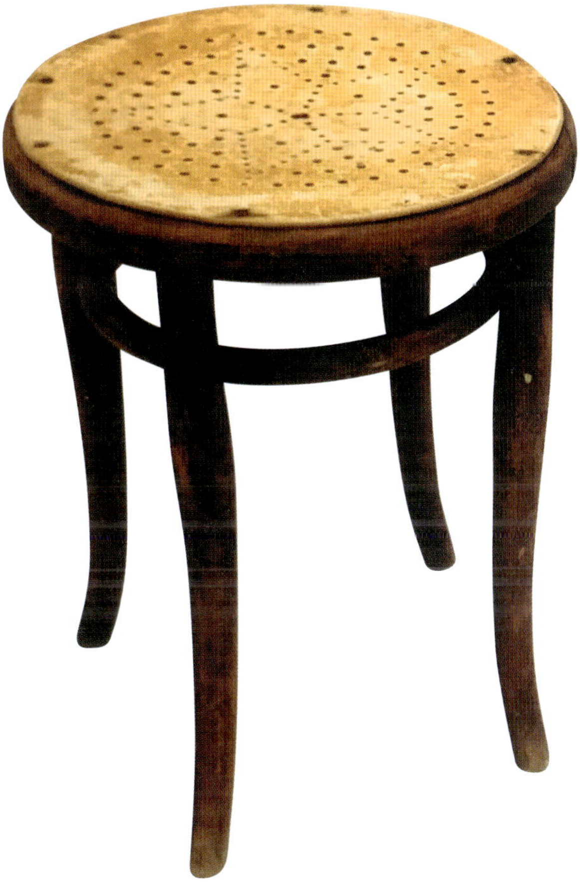

Flohmarktfund!
Erster Verdacht: Thonet. Die gelochte Sitzfläche ist eine spätere Zutat. Üblicherweise waren diese Stühle mit Rohrgeflecht bespannt.

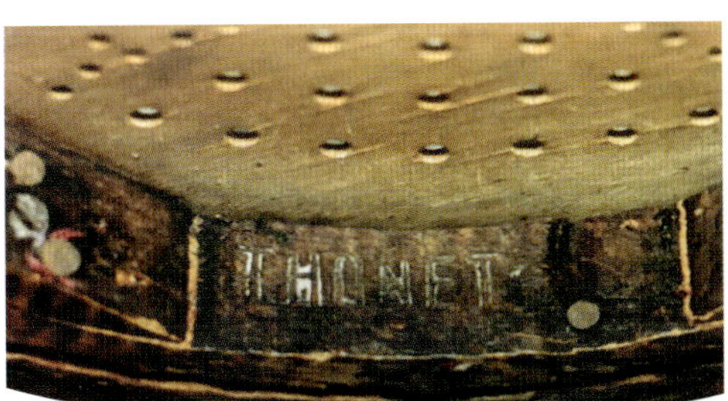

Hier der Hinweis Nr. 1 : der Thonet-Stempel

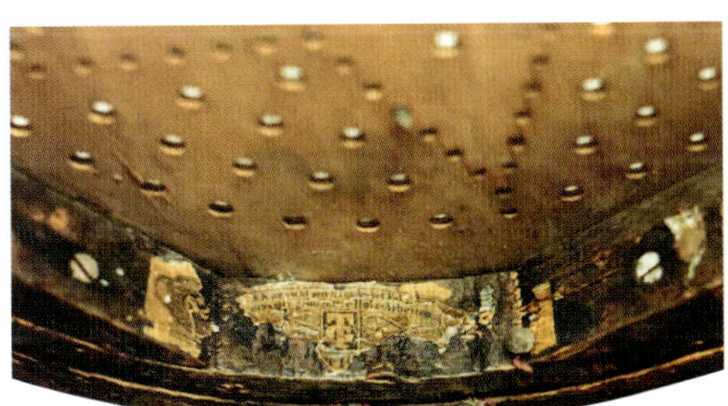

Hier der Hinweis Nr. 2: der Firmenaufkleber mit der Stuhlnummer

Es handelt sich also höchstwahrscheinlich um einen originalen Thonethocker mit einigen Überarbeitungen, aber für 20 DM! Unschlagbar!

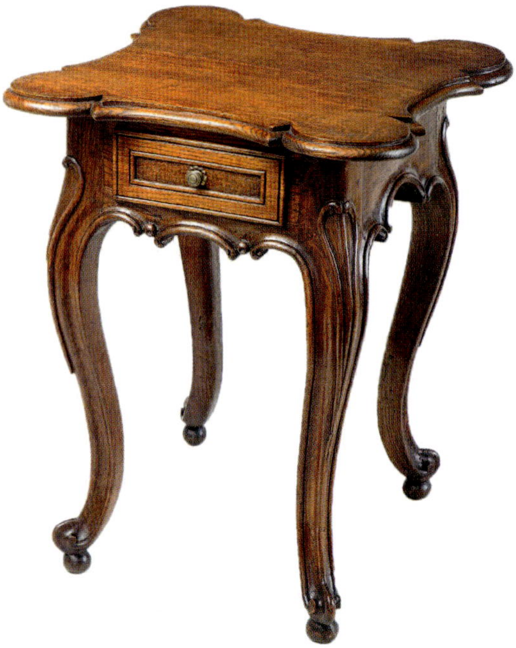

Dies ist ein Originalmöbel aus dem 18. Jh., in Eiche gefertigt, sehr schön gearbeitete, elegant geschwungene geschnitzte Beine. Schon die Farbe der Eiche besticht das Auge, aber auch die Formengabe und die Komposition des doch „einfachen" Möbels weisen auf hochwertigste Tischlerarbeit hin.

Beistelltisch, Eiche massiv, 18. Jh., Deutschland

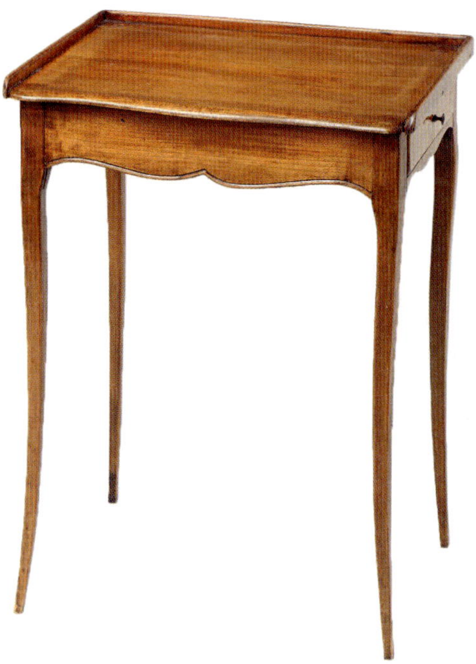

Gleiche Zeit, also 18. Jh., auch Original, aber etwas später, Frankreich. Dieses Tischchen scheint zu schweben, da wirkt das Möbel aus Deutschland geradezu grobschlächtig, da deutet sich schon die Zeitenwende zum 19. Jh. an. Eleganz, Klarheit und Feinheit – die Kunst eines Handwerkers in Vollendung.

Beistelltisch, Bucher, Kirsche massiv, Frankreich, 18. Jh.

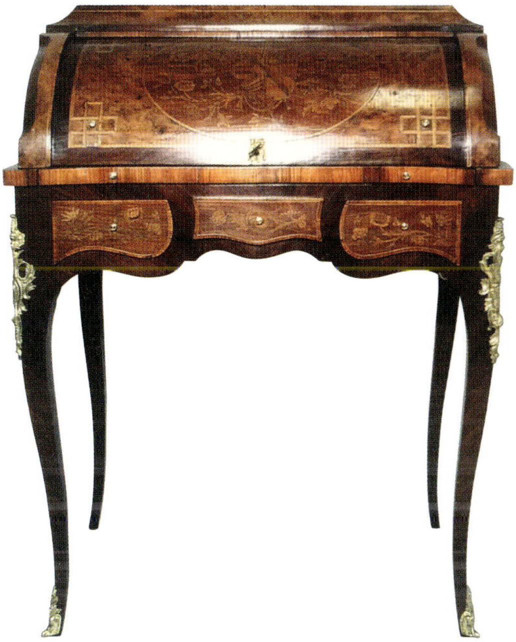

Ein kleiner, eleganter Damenschreibtisch, auch 18. Jh.?, vom Stil her ja, von der Ausführung nein. Ein Stilmöbel aus der Mitte des 20. Jh.s.
Es gibt vor, 18. Jh. zu sein, ist es aber nicht. Sicherlich aufwendig gearbeitet, aber die Furniere sind dünn, die Beschläge sind nicht mal gespiegelt, sind identisch und einfach links und rechts montiert, sind Abgüsse von Abgüssen.
Die Marketerie ist maschinell gefertigt. Die Oberfläche mit NC-Lack lackiert. Aber keine Fälschung! Ein Stilmöbel im Stile des 18. Jh.s und der Kunde weiß, was er kauft, sollte er zumin dest wissen.

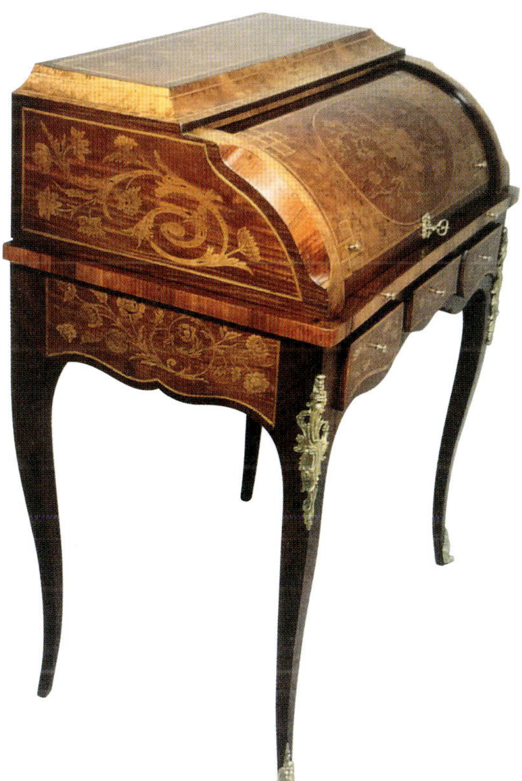

Schon im 19. Jh. entwickelte sich eine Art von „Industriezweig" in Italien und Frankreich, dort wurden Möbel des 17. und 18. Jh.s nachgebaut, sogenannte Stilmöbel. Bei den Kunden erfreuten sich solche Kunstmöbel großer Beliebtheit. Man konnte sich für „kleines" Geld „teure" Möbel leisten. Sie waren repräsentativ, und das war für viele wichtig. Ob Original oder Stilmöbel, egal, Hauptsache, es macht was her.
Solange der Kunde wusste, was er sich da anschafft, ist es in Ordnung. Kriminell wird es, wenn man dies als Möbel des 18. Jh.s verkauft.

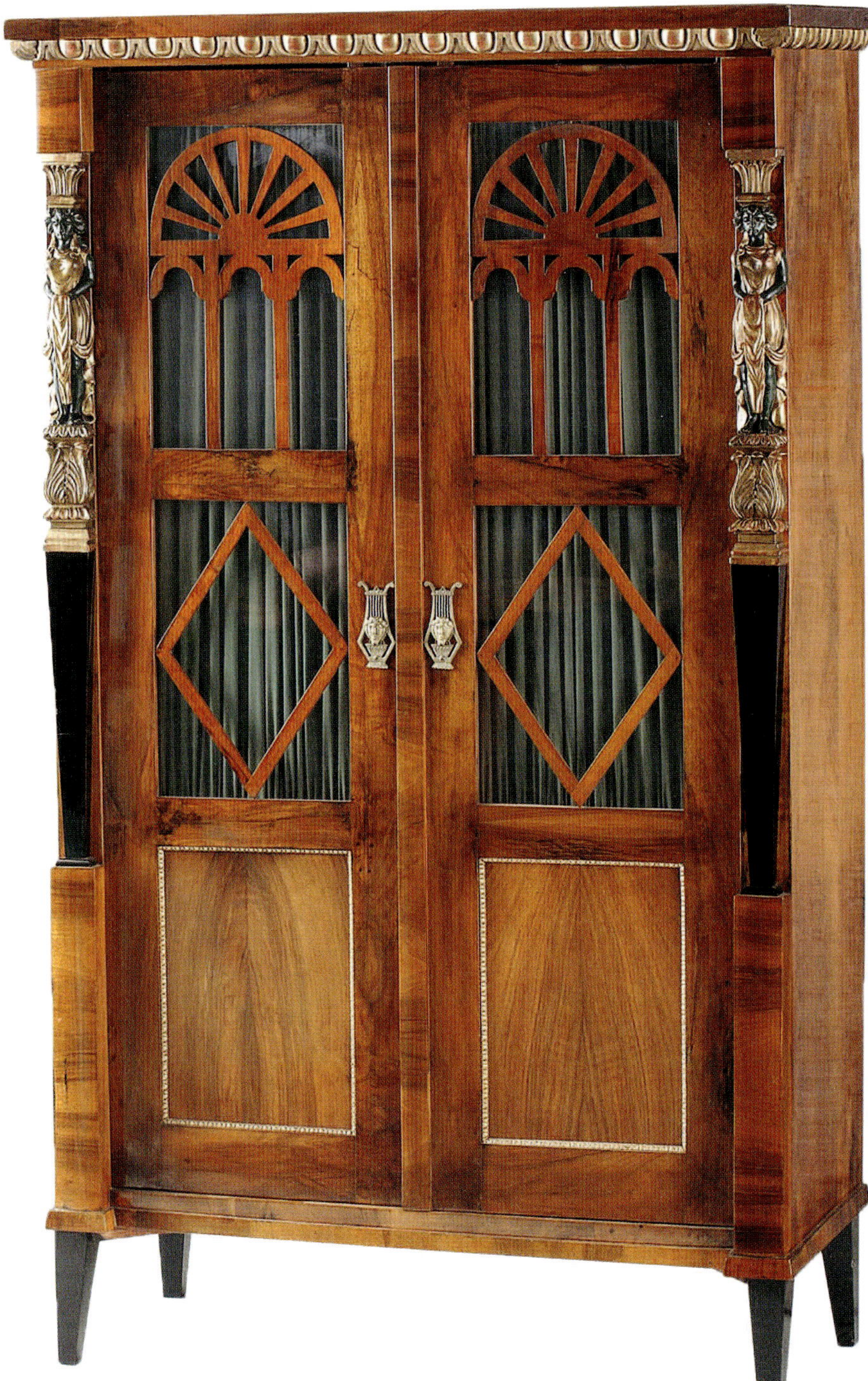

Ein beeindruckendes Möbel, auf den ersten Blick.

Vitrinenschrank zweitürig, Österreich/Donaumonarchie, Nussbaum, furniert, teilweise ebonsiert, geschnitzt, gefasst und vergoldet. Zweitüriger Korpus mit frontalen Vitrinentüren mit durchbrochenen Sprossen, flankiert von weiblichen Karyatiden auf blattreliefierten Sockeln. Am Gesims umlaufend vergoldeter Eierstabfries.

Soll Klassizismus vorgeben, ist aber neu! Vermutlich um 1980/90 in Ungarn gebaut. Handwerklich sehr gut, aber wenn man die Details von Nahem sieht, ist alles zu glatt, zu perfekt. Die Rückwand und das gesamte Innenleben lackiert, was nie der Fall ist, usw. Die geschwärzten Füße und Säulen sind mit der Pistole lackiert, auch der Schellack ist teils gespritzt.
Eine Fälschung? Nein! Denn der Kunde weiß, dass es sich um ein Stilmöbel handelt, und war glücklich, dieses Möbel kaufen zu können. Auch wurde ein Schriftstück hinterlegt, in dem dies alles festgehalten wurde.

Kauf und Verkauf von Antiquitäten

Kauf ist Vertrauenssache …

Dieser bekannte Werbespruch ist vor allem auf dem Antiquitätenmarkt anwendbar.
Vertrauen ist die Grundlage, wenn man Geld für Möbel ausgibt, von denen man so gut wie nichts weiß. Beim Antiquitätenhändler sieht man eine Kommode, einen Stuhl oder, etwas größer, einen Schrank. Man ist begeistert und möchte das Ding am liebsten gleich einpacken und mitnehmen. Machen Sie bitte langsam! Schauen Sie sich in Ruhe in dem Laden um, begutachten Sie die anderen ausgestellten Stücke. Wie wirkt der Inhaber, der Verkäufer auf Sie? Verlassen Sie sich auf Ihre Menschenkenntnis. Wie werden Sie bedient, freundlich und ohne Drängen? Oder haben Sie das Gefühl, Sie sollen dieses Möbel am besten ohne große Fragen gleich mitnehmen? Wie reagiert man auf Fragen? Sind die Antworten souverän oder eher schnell mal dahergesagt? Gibt es plötzlich einen Interessenten, der genau dieses Möbel letzte Woche hat reservieren lassen?

Es gibt viele Anzeichen, ob Sie seriös beraten werden oder ob man einfach nur verkaufen will.
Erweckt der Händler einen diskreten Eindruck?

Hier ein paar Hinweise, wie Sie vorgehen sollten:

- Wenn möglich, erkundigen Sie sich über den Händler, welche Reputation er hat.
- Versuchen Sie möglichst viel über die Geschichte und Provenienz des Möbels zu erfahren.
- Wer waren die Vorbesitzer, woher kommt es, warum wird es überhaupt verkauft?
- Aus welcher Zeit stammt es, welche Materialien wurden verwendet?
- Ist es restauriert, wenn ja, wann, evtl. von wem? Warum musste es restauriert werden?
- Lassen Sie sich bei hochwertigen Möbeln ggf. einen Restaurierungsbericht zeigen.
- Ziehen Sie beim Kauf auch den Rat eines Restaurators hinzu.

Schauen Sie sich das Möbel sehr genau an:

- Sieht die Oberfläche sehr „neu" und glatt aus, wirkt es überrestauriert?
- Ist die Fläche auffallend glatt, gibt es Gebrauchsspuren, die hinzugefügt wirken?
- Sieht man Retuschen, Schleifspuren, ist das Furnier auffallend dünn?
- Hat die Farbe des Möbels einen orange-braunen, „antiken" Überzug, der alles überdeckt?
- Mit welchen Schrauben und Nägeln wurde gearbeitet, alt oder neu?
- Wie sehen die Beschläge aus, zu sehr geputzt, wirken sie plump und derb?
- Hat die Innenseite der Schübe und des Möbels eine natürliche Holzfarbe oder ist alles gebeizt und auf „alt" gemacht?

Wenn Möbel unrestauriert oder seit Längerem nicht bearbeitet wirken, ist dies eher von Vorteil. Sie sollten eher nach dieser Art von Möbeln Ausschau halten, z.B. auf Auktionen oder Versteigerungen und – wenn man Glück hat – auf Flohmärkten.

Der Verkauf von Möbeln hat sich in Zeiten des Internets extrem verändert, faktisch ist online alles machbar, fast alles ...
Da ist natürlich dem Betrug Tür und Tor geöffnet und für Laien und auch teils für Profis wird es immer schwieriger, seriöse Käufer und auch Angebote zu finden.
Das Netz wimmelt nur so von Plattformen, die Möbel handeln. Empfehlungen kann man nicht aussprechen. Neben dem Internet sind aber immer noch Anzeigen in Zeitungen und Zeitschriften eine bewährte Methode. Aber auch der Restaurator ist hier gerne behilflich, denn er weiß oft einen Kunden, der etwas Bestimmtes sucht oder verkaufen will.

Preise auf dem Antiquitätenmarkt

Die Preise beim Kauf und Verkauf von Antiquitäten im Bereich Möbel haben sich in den vergangenen Jahren stetig nach unten entwickelt, außer bei sehr hochwertigen Stücken, und da sprechen wir von Preisen, die sich ein durchschnittlicher Möbelliebhaber meist nicht leisten kann und will, jenseits der 40/50.000,– bis hoch in die 6-stelligen Eurobeträge.
In den 1970er und 80er Jahren wurden „gute" Preise bezahlt und erzielt. Ein Sechsersatz Biedermeierstühle mit Tisch erreichte gerne einen Preis von 20.000,– bis 30.000,– DM und manchmal auch mehr. Heutzutage zahlt man dafür, je nach Qualität, zwischen 5.000,– und 8.000,– Euro und etwas mehr.

Dies bedeutet natürlich auch, dass man beim Verkauf von Möbeln nicht mehr die Preise erzielen kann wie noch vor 10 und 15 Jahren. Ein Grund dafür ist, dass die Generation der Erben den Hauptanteil der Käufer und Verkäufer bildet. Dies wiederum bedeutet, es gibt in diesen Familien schon Möbel und meist zu viel, und die werden abgestoßen. Oft wollen die Eigentümer die Möbel nicht mehr, man möchte sich moderner einrichten und hat logischerweise einen anderen Geschmack als die Eltern. Ein paar Stücke werden behalten und der Rest soll verkauft werden. D.h. der Markt wird mit Möbeln überschwemmt und die Preise verfallen.

Auch spielt die Größe der Wohnungen und Häuser eine Rolle. Die Gesellschaft entwickelt sich zu einer Single-Generation, die meisten Wohnungen und Häuser werden im Durchschnitt kleiner und somit fehlt der Platz zum Stellen von ausgewählten Möbeln und Einzelstücken. Konsequenz: Es wird weniger Gefallen an diesen Möbeln gefunden und wenn, dann nicht Biedermeier oder Barock, sondern Möbel aus den 30ern und aus den 60ern. Was sich in diesen Segmenten preislich niederschlägt. Die Möbel des Jugendstils und des Art déco erfahren seit einer gewissen Zeit einen starken Zuspruch beim Käufer und es werden dementsprechende Preise verlangt und auch bezahlt.

Möbel vor und nach der Restaurierung

Kommode in Birkenfurnier, ca. 1840/50, Privatbesitz

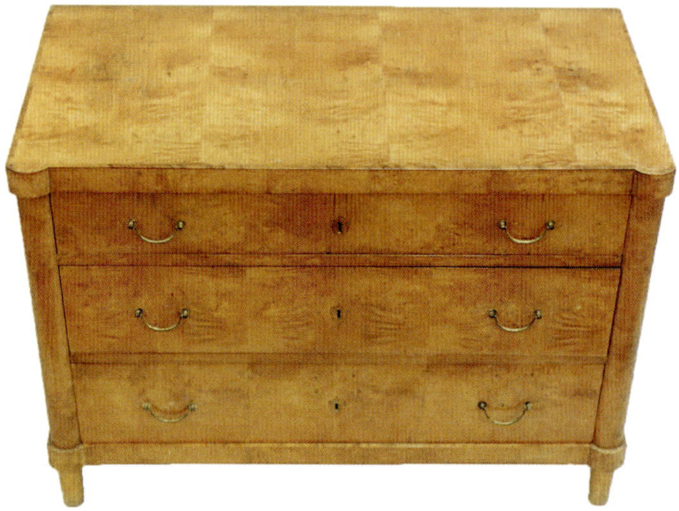

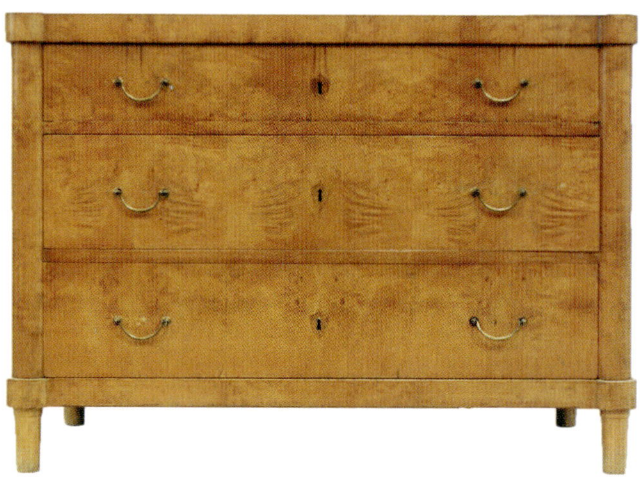

Vorher

Vorzustand: Recht guter Allgemeinzustand, bei einer vergangenen Überarbeitung wurden Hängegriffe aus den 1950er Jahren angebracht, da die Schübe in den ausgelaufenen Laufkonstruktionen nur schwer zu bewegen waren.
Außerdem wurden sämtliche vier Möbelfüße durch gedrechselte, konische Buchenfüße ersetzt.
Die Oberfläche war mit einem der Zeit entsprechenden NC-Lack lackiert.

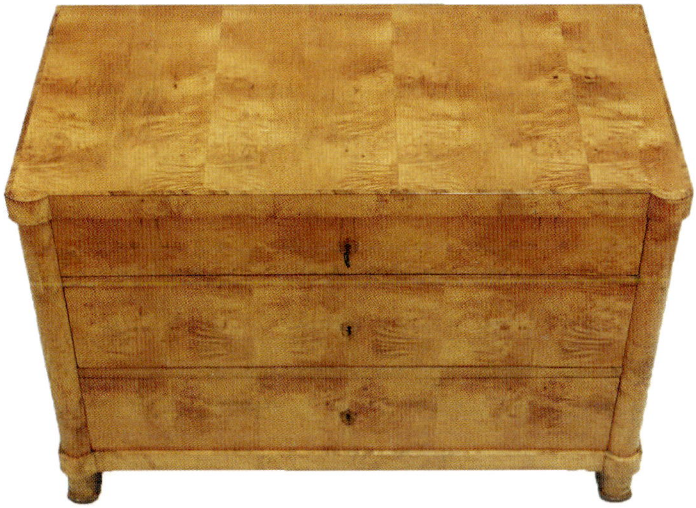

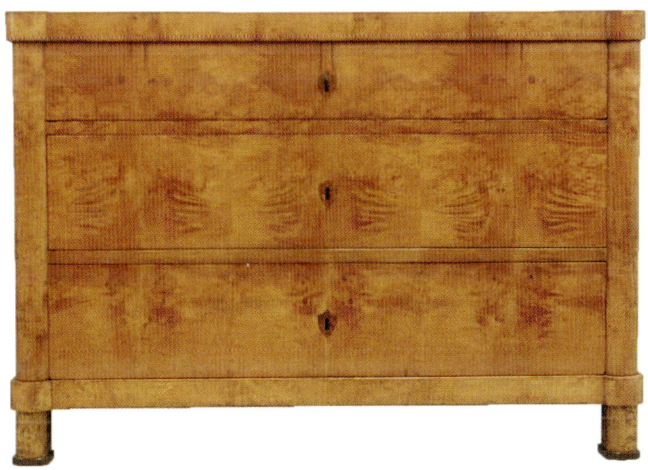

Nachher

Maßnahmen: Entfernen der Griffe, Schließen der zurückbleibenden Grifflöcher mit Buchenstöpsel und Birkenfurnier dem Bestand gemäß, die gesamte Laufkonstruktion überarbeitet, d.h. Schubladenseiten aufgedoppelt, Lauffläche in der Laufleiste aufgedoppelt, Schubladen eingepasst und gängig gemacht, sämtliche Furnierausbrüche an den Traveren und der Deckelaußenkante mit Birkenfurnier ergänzt.

Neue Füße in Birke mit einer flachen Basis nach historischen Vorgaben gefertigt und montiert. Schlüssel und Schloss gangbar gemacht und wieder montiert. Abnahme Oberfläche und Aufbau einer matten Schellackpolitur. Retusche der Fehlstellen. Finishen der Oberfläche.

Stühle, Buche gebeizt, Entwurf Richard Riemerschmid, München, ca. 1905, Privatbesitz

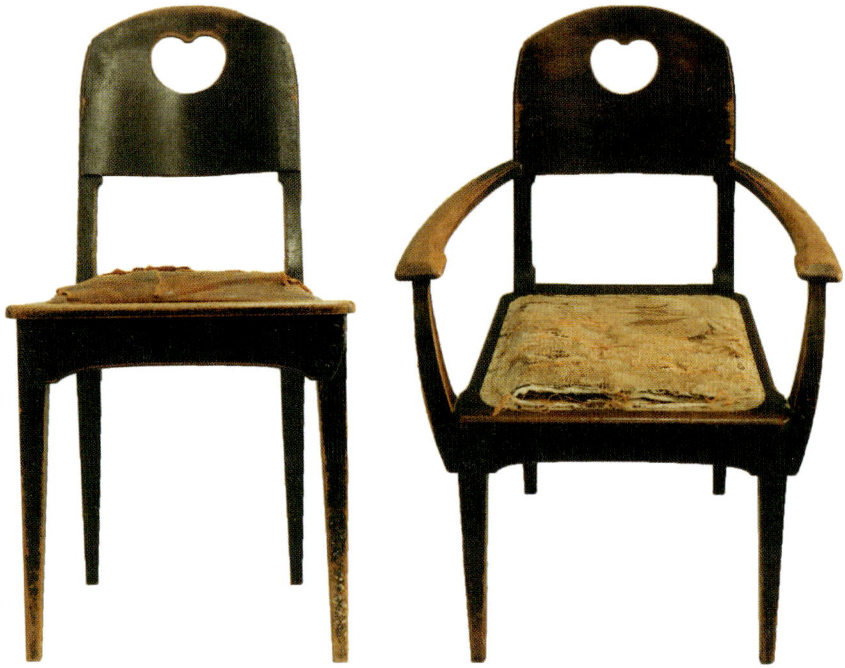

Vorher

Ein Highlight für jeden Restaurator. Eines Tages kam ein Kunde mit diesen Stühlen zu mir in die Werkstatt und bat um eine Einschätzung. Schnell war mir klar: Das ist Riemerschmid. Diese und noch dazugehörige weitere Möbel eines ganzen Zimmers stammen aus dem Familienbesitz des Kunden und er wollte sie restauriert haben.
Nachforschungen beim Stadtmuseum München (Prof. Dr. H. Ottomeyer) ergaben, dass die Stühle zu einem ganzen Ensemble eines Entwurfes von Riemerschmid gehörten.

Vorzustand: Die Objekte waren in einem insgesamt guten Zustand, nur der Lederbezug der Sitzfläche hatte gelitten. Konstruktiv und von der Stabilität waren die Stühle in Ordnung. Man einigte sich, das Holz nur zu reinigen und ansonsten in dem Originalzustand zu belassen. Allein bei der Sitzfläche ging man den Kompromiss ein, neues Leder zu verwenden, da die Stühle benutzt werden sollten.

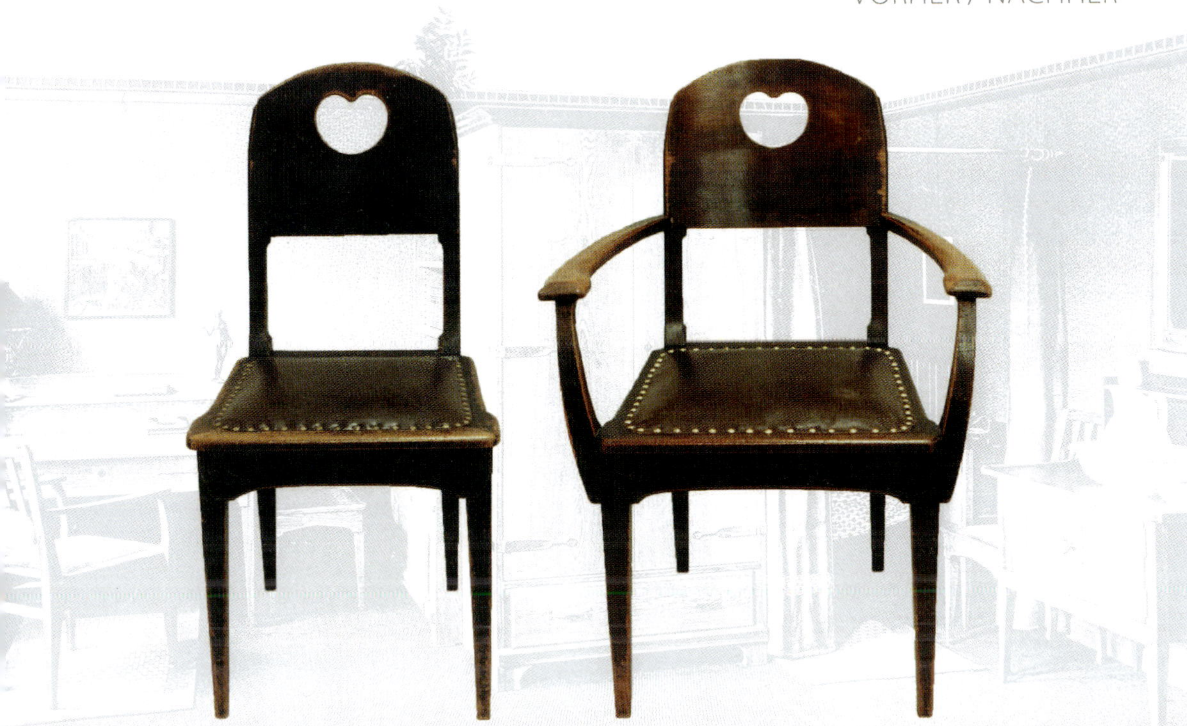

Nachher

Maßnahmen: Abnahme der Lederrudimente, Sicherung dieser und Übergabe an den Besitzer, Seegrasauflage und Gurtung mit Federkern wurden belassen und Rindsleder bezogen. Die teils noch vorhandenen Messingnägel wurden wiederverwendet und durch entsprechende Nägel ergänzt.

Die Holzoberfläche wurde aus einem Gemisch von destilliertem Wasser mit reinem Alkohol vorsichtigst gereinigt und mit Microwachs konserviert.

die beiden Stühle, abgebildet im Katalog „Vom Sofakissen zum Städtebau", Klaus Peter Arnold, Verlag der Kunst, Dresden, Basel 1993

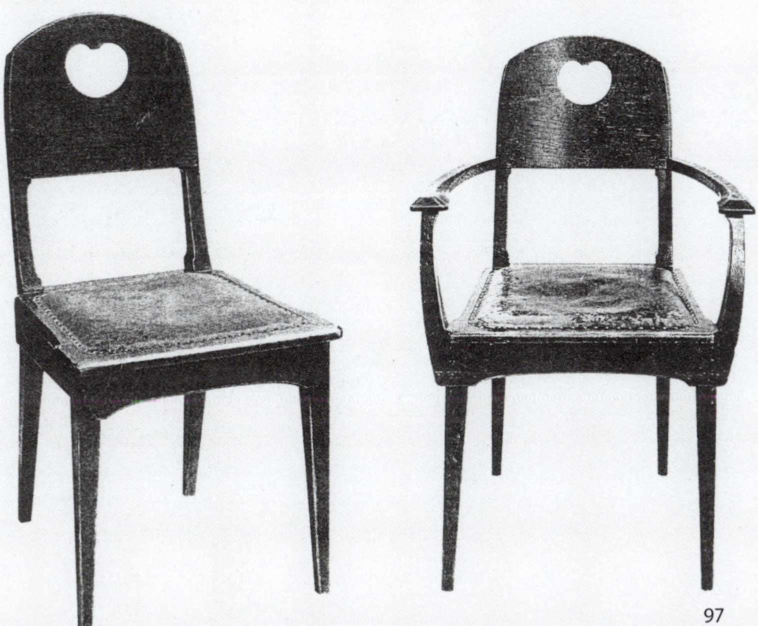

50 Richard Riemerschmid. Junggesellenzimmer. 1906
51 Richard Riemerschmid. Stuhl
52 Richard Riemerschmid. Armlehnstuhl

Türkastenschloss mit Gegenkasten, Eisen mit gravierter Messingauflage, Schloss Alteglofsheim, um 1730

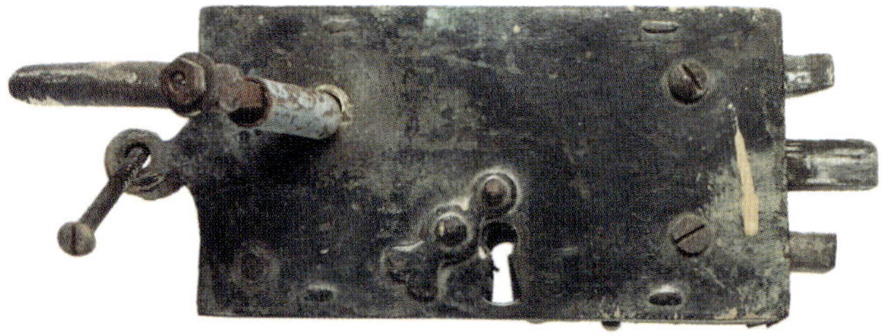

Vorher

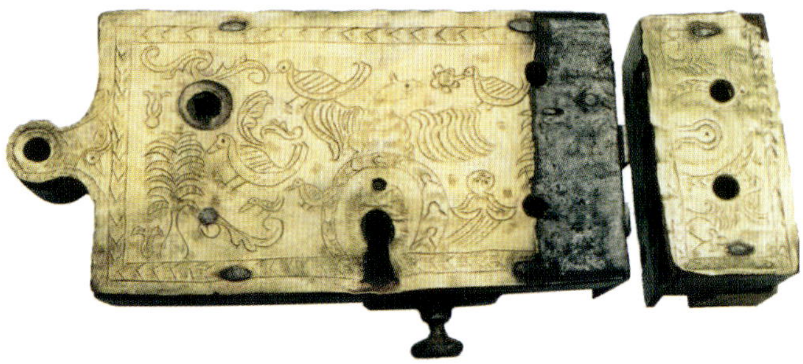

Nachher

Zwischen 1998 und 1999 wurde die gesamte Innenausstattung des Schlosses restauriert und wir hatten den Auftrag, die Türen, Portale und Holzausstattung in aufwendiger Arbeit zu restaurieren. Das hier beschriebene Schloss ist ein Beispiel, wie aus einem unscheinbaren Stück Türtechnik ein Kunstobjekt entsteht.
Das Schloss Alteglofsheim ging erst in den 1980er Jahren in den Besitz des Freistaates Bayern über. Nach 1945 wurden dort über mehrere Jahre Vertriebene und Flüchtlinge untergebracht. Im Laufe der Jahre wurden aus vielen historischen Türen die wertvollen Schlösser entfernt bzw. herausgeschnitten und zu Geld gemacht. Bei Auktionen in den 1990er Jahren tauchten einige dieser Schlösser auf dem Kunstmarkt wieder auf.

Vorzustand: Kastenschloss, links angeschlagen, mit Gegenkasten, Drücker fehlt, wurde durch einfachen Metallgriff ersetzt, stark korrodiert, Schmieröle verharzt.

Maßnahmen: Entfernen der Drücker, Sicherung der Originalschrauben, Zerlegen der Mechanik, Ausbau Falle, Zuhaltung, Lochabdeckung, Abnahme Messingblech,
Reinigung sämtlicher Einzelteile mechanisch, Bürste und Skalpell, und Alkohol.
Konservierung aller gereinigten Teile mit Owatrol bzw. Microwachs.
Vorsichtigste Reinigung der gravierten Messingplatte. Konservierung mit Microwachs. Zusammenbau und Fertigung eines Schlüssels und Drückers.

Auch der Umgang mit Metall und der Technik, die im Möbelbau und im verwandten Bereich Holzinnenaustattung (Türen, Portale usw.) anfällt, gehört zum Aufgabenbereich des Restaurators.

Kommode, Nussbaum, um 1800, süddeutsch

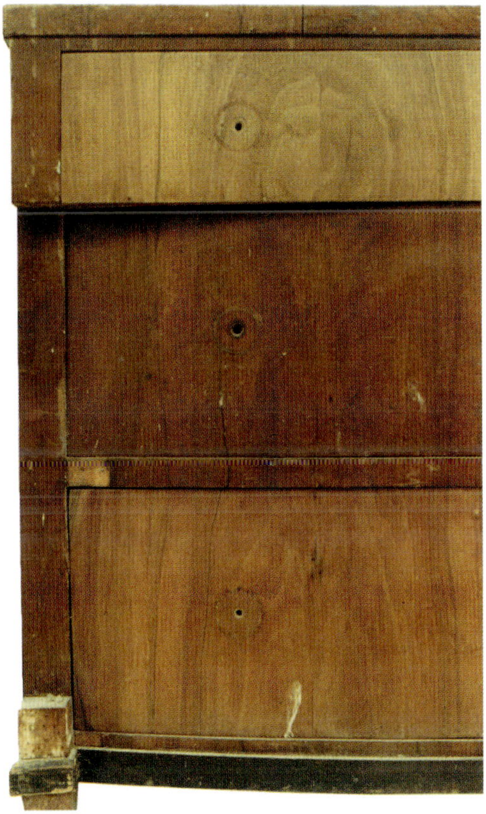

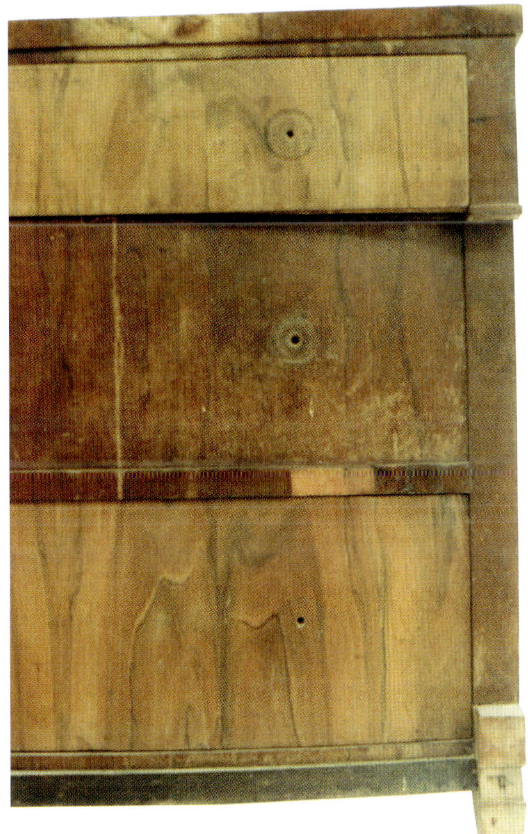

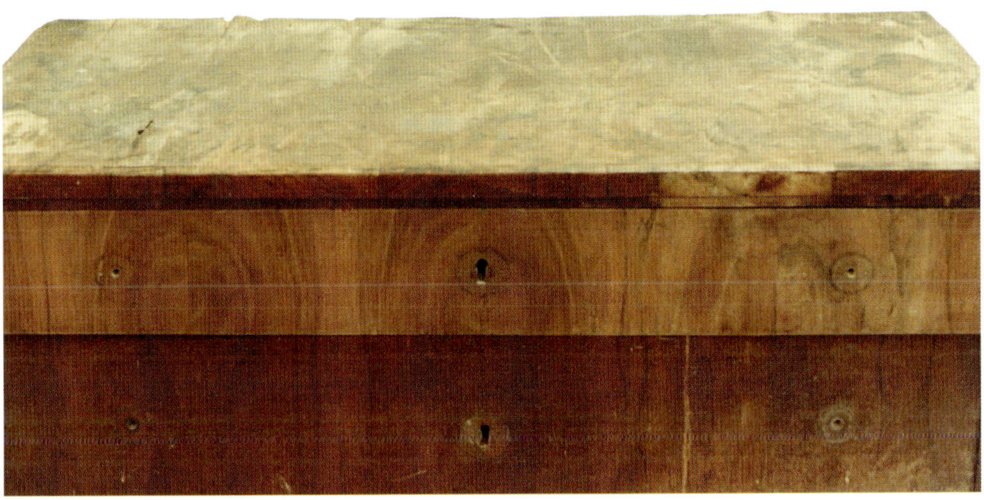

Diese „Ruine" war wahrlich eine Herausforderung. Ein Händler hat sie offensichtlich kurz vor der kompletten Zerstörung gerettet.

Vorzustand: Die Beschläge waren nicht mehr existent. Die Halbsäulen links und rechts der Schubladen fehlen. Der Zustand des Kommodendeckels zeigt, dass dieses Möbel an einem feuchten, schlecht geschützten Platz gestanden haben muss. Oxydationsflecken, Wasserflecken, Brandstellen und abgelöste Furniere lassen vermuten, dass sie vielleicht sogar als Werkbank herhalten musste. Zumindest als Abstellmöglichkeit für Farbtöpfe und Ähnliches.

Die Laufkonstruktion der Schübe war praktisch nicht mehr vorhanden. Auch bereits begonnene Restaurierungsmaßnahmen ließen sich erkennen. Glücklicherweise war das Furnier sehr dick, teilweise bis zu drei Millimeter, was die Arbeit sehr erleichtert hat.

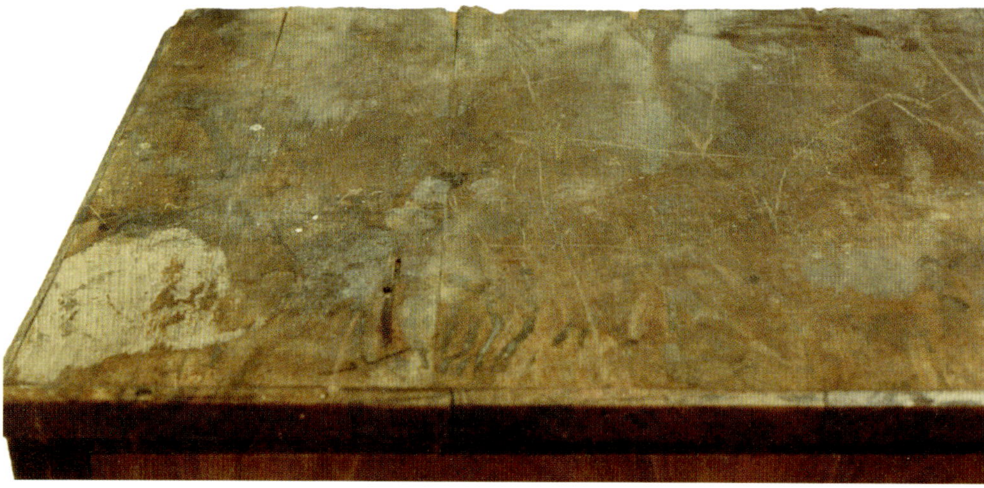

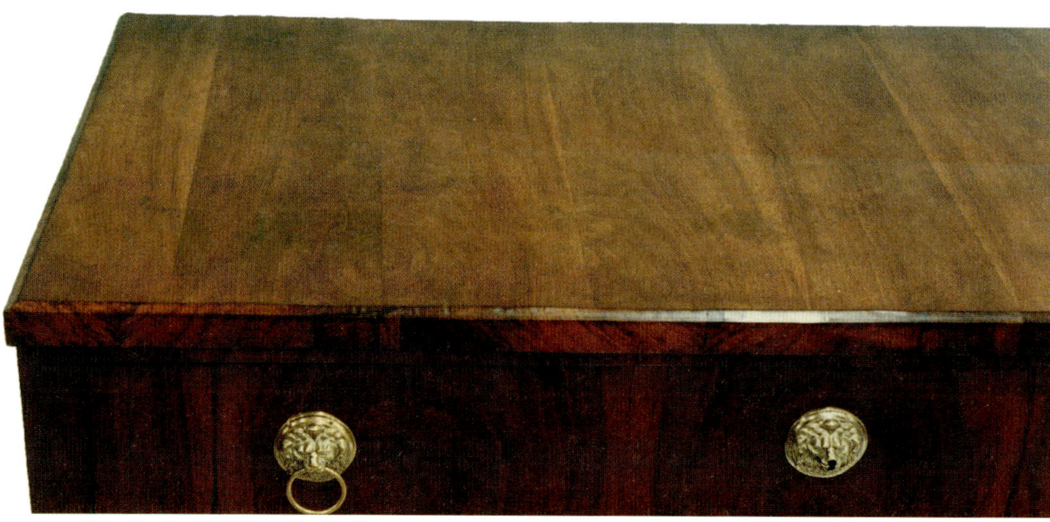

Maßnahmen: Möbel zerlegen, das stark beschädigte Furnier dämpfen, um die Spannung im Holz zu nehmen, alle Kürschen und Fehlstellen niederleimen, Fehlstellen mit dem Bestand entsprechendem Nussbaumfurnier ergänzen, Laufkonstruktion im Korpus und an den Schubladenseiten ergänzen bzw. erneuern, Rückwand neu verleimen und einpassen.

Säulen nach vermutetem Bestand nachdrechseln, hintere Möbelfüße nachfertigen, fehlende Profile nachfertigen und einpassen.

Oberfläche reinigen, Oxydationstellen neutralisieren und bleichen, verbrannte Stellen mit Skalpell ausschaben, gesamte Oberfläche glätten, Ergänzungen retuschieren, Auftrag einer Schellackpolitur (vom damaligen Auftraggeber gewünscht, würde heute in einer anderen Oberflächen-Technik gemacht werden, wesentlich defensiver und matter im Glanzgrad), Säulen schwarz polieren.

Da die Beschläge komplett fehlten, wurden nach passender Vorlage neue Zuggriffe und Schlüsselrosetten in Messing gegossen, poliert und dann montiert.

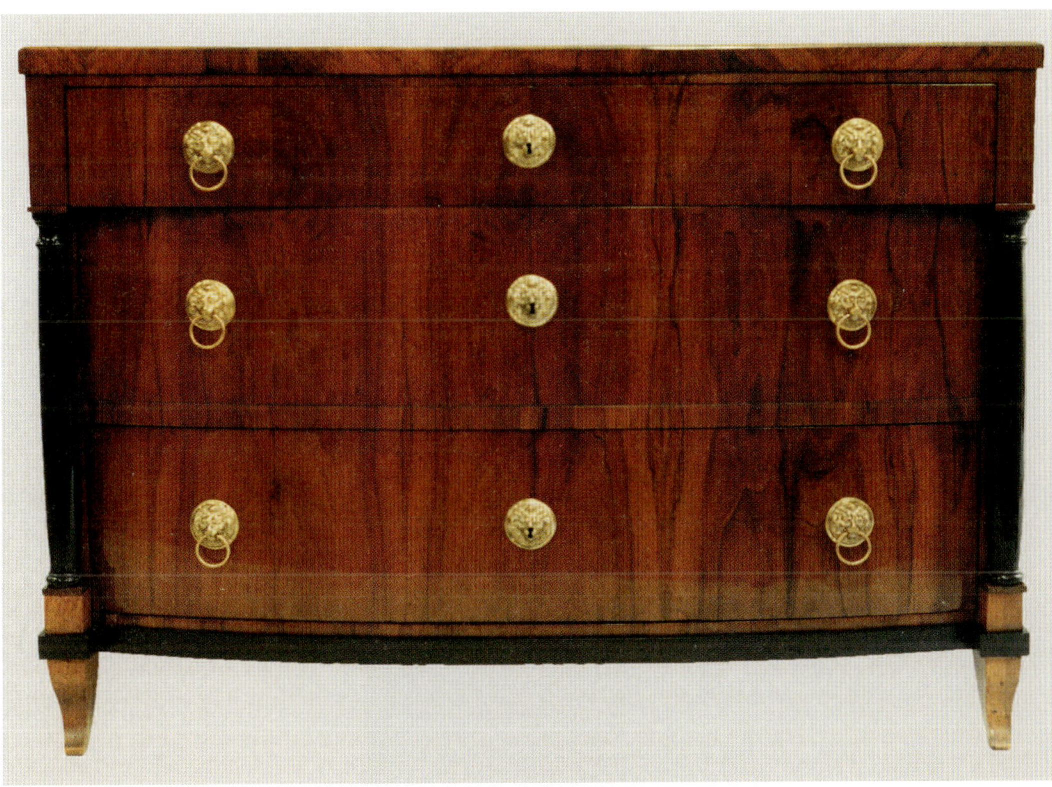

Die Kommode nach der Restaurierung.

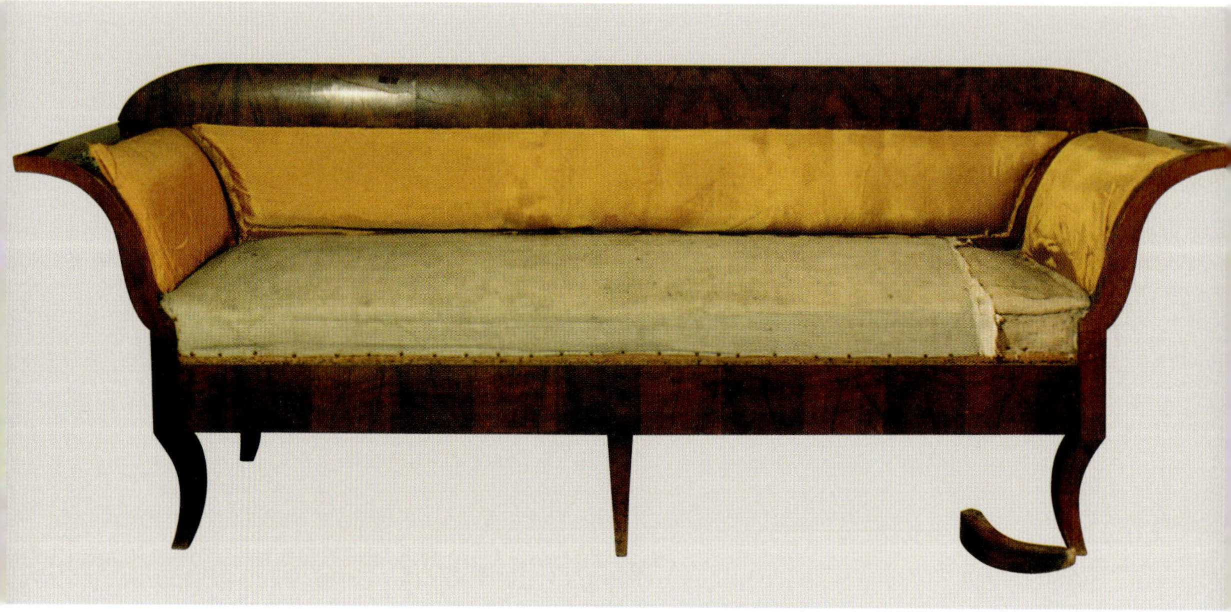

Sofa, Nussbaum, Dreisitzer, um 1820, Süddeutschland

Dieses Möbel war in einem traurigen Zustand und es gab die Möglichkeit, dies „günstig" in einer Auktion zu ersteigern. Bis auf wenige Stellen im Furnierbild, einem gebrochenen Fuß und einer komplett durchgesessenen Polsterung, war das Möbel mit einem gewissen Aufwand restaurierbar.
Auch in diesem Zustand lässt sich die Eleganz und fast schon moderne Form dieses Möbels sehr gut erahnen.

Ein Glücksfall bei einer Möbelauktion. Kein anderer Kunde hatte Interesse, diese „Ruine" zu ersteigern.

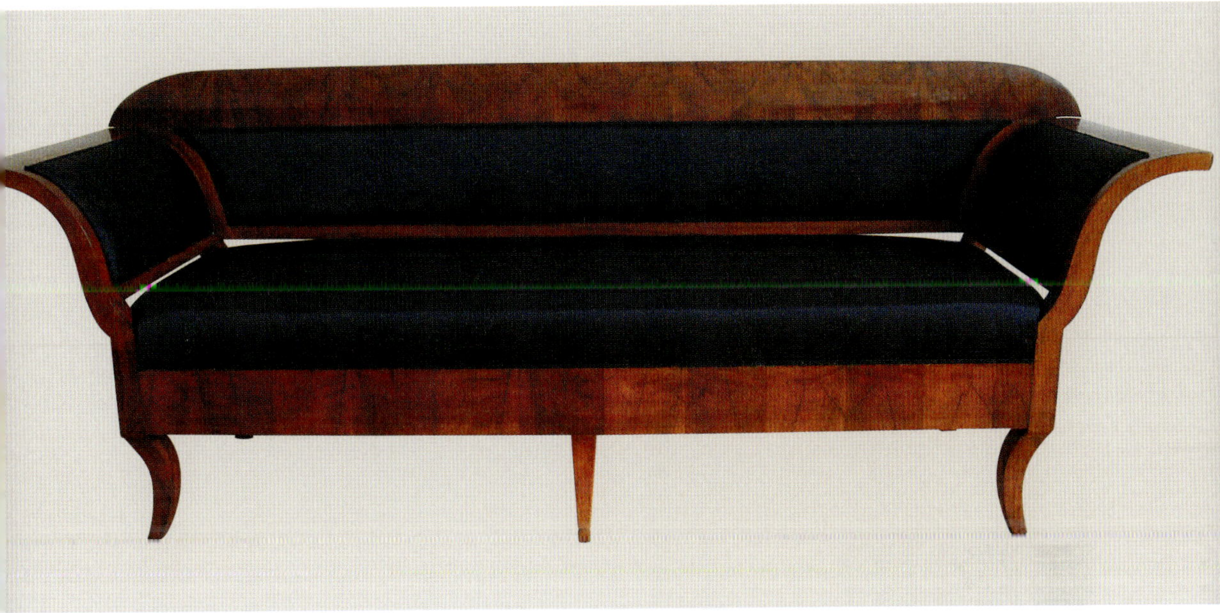

Die gesamte Polsterung wurde entfernt, die Konstruktion des „Gerüstes“ stabilisiert, der Fuß angeleimt, Nussbaumfurniere niedergeleimt bzw. gemäß Bestand ergänzt, der vorhandene Lack soweit möglich regeneriert und eine neue Oberfläche, eine Schellack-/Wachspolitur aufgetragen.
Das Sofa wurde klassisch mit Gurtung und Federkern gepolstert. Der Kunde entschied sich für die edle Rosshaarbespannung, die genäht werden musste, da dieser Stoff nur bis maximal 75/80 cm Breite erhältlich ist.

Nahezu zeitlos zeigt sich dieses Möbel nach der Restaurierung. Die Konturierung der Lehnen setzt sich bis in die Möbelfüße fort.
Hier kann man schon die Bildsprache des Art déco, der ja über hundert Jahre später stattfindet, erahnen.

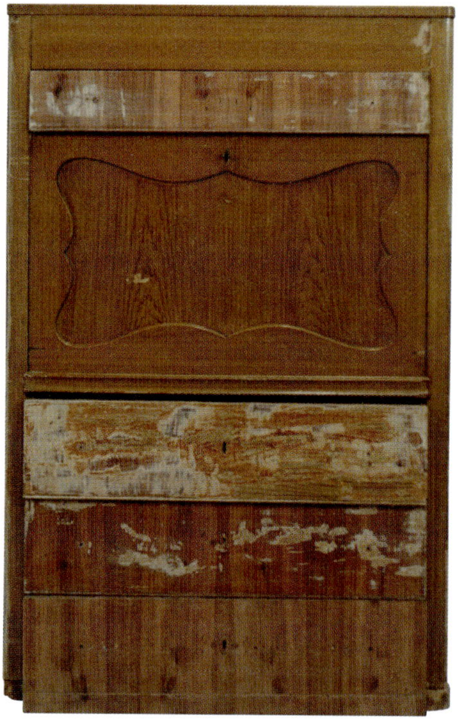

Dieses Möbel stand auch in einer Auktion und keiner wollte es haben.
Ein klarer Blick darauf ließ erkennen, dass sich unter der Farbschicht ein edles Möbel versteckt.

Die hier angewandte Kammzugtechnik hatte ihre Höhepunkte im 18. und 19. Jahrhundert und wurde vornehmlich im bäuerlichen Raum zur Gestaltung von Möbeln und der Innenaustattung von Wohnräumen, Treppen und Ausstattungen genutzt.
Es sollte den Eindruck von Holzfurnier und anderen aufwendigen und somit zu teuren Gestaltungstechniken imitieren.

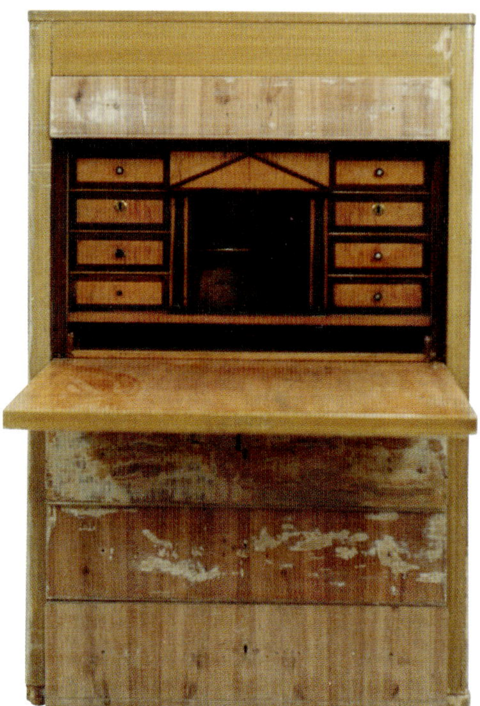

Standsekretär, ca. 1835/40, Kirschbaum, wurde vermutlich um 1890/1900 in der Kammzugtechnik auf Eiche getrimmt

Es ist schon ein frappierender Unterschied zwischen Vor- und Nachher. Die Zugknöpfe waren ein Kundenwunsch und sind eigentlich nicht zeit- und stiltypisch. Eigentlich wurden die Schubladen und die Klappe nur mit dem Schlüssel bedient. Sehr schön zu erkennen ist das von oben nach unten durchlaufende Furnierbild des Kirschbaums.
In der Inneneinteilung klingen noch Stilelemente des Klassizismus mit dem Giebelportal zwischen den kleinen Schüben nach.

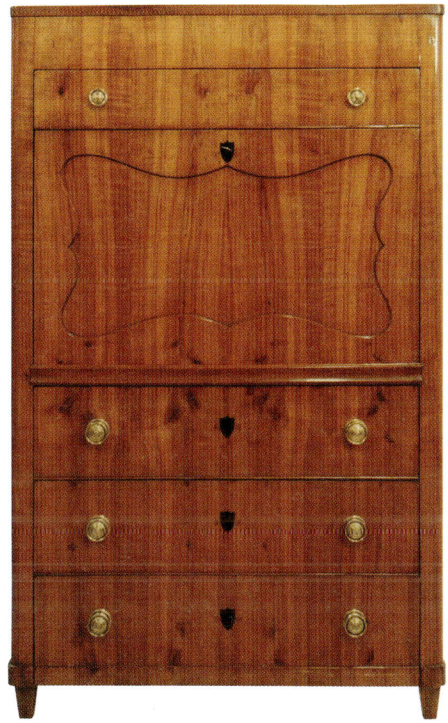

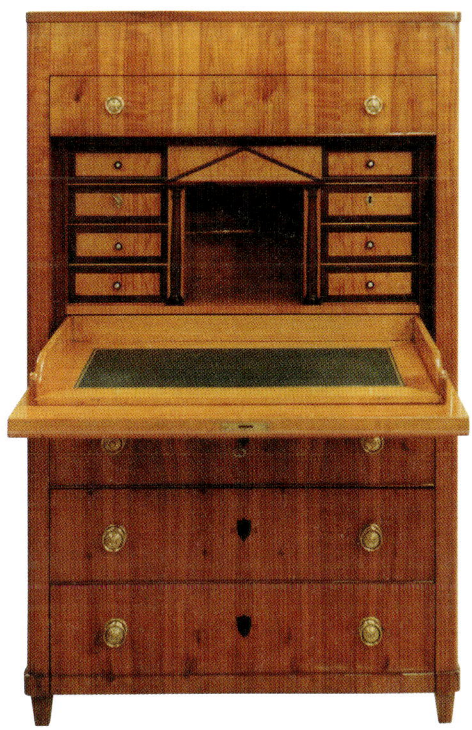

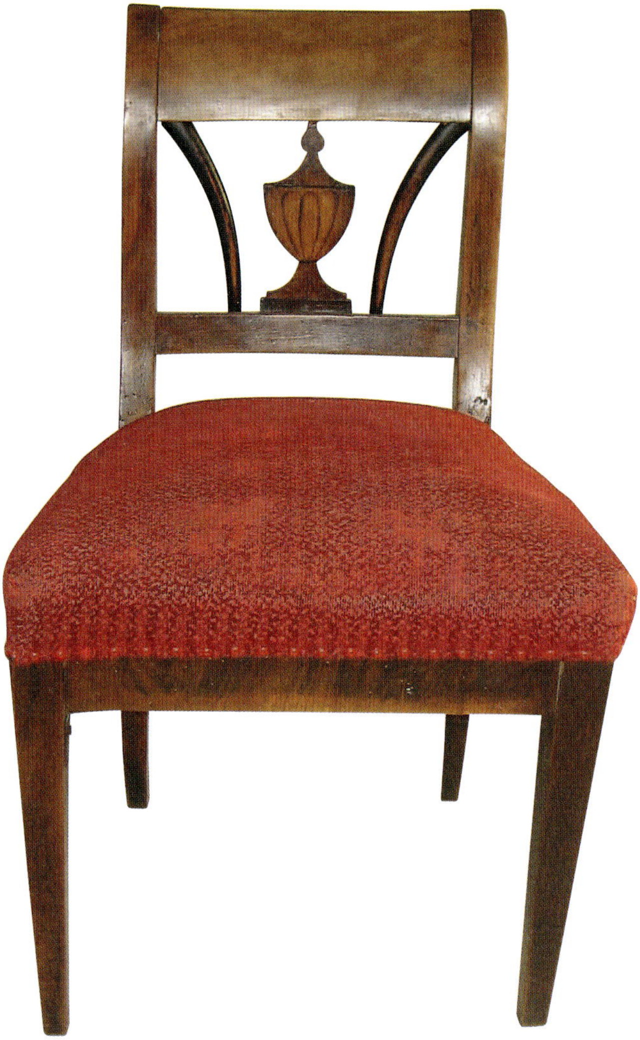

Stuhl vor der Restaurierung
Biedermeierstuhl, Kirsche, um 1810, süddeutsch

Mehrfache Überarbeitungen, mehrere Lagen Polsterung, Kirschbaumfurnier mit Maserierung in Nussbaumfurnier „umgewandelt".
Insgesamt waren es vier Stühle und bei einem Stuhl wurde die fehlende Vase in der Stuhllehne durch ein Buchenholz ersetzt.

Die Stühle wurden abgepolstert und soweit möglich alle Holzverbindungen gelöst, gereinigt und neu verleimt, neue Nagelleisten wurden angeleimt (s. Schäden), zur Versteifung wurden Eckklötzchen eingeleimt.
Alle losen Furniere wurden niedergeleimt und Fehlstellen in Kirsche ergänzt, die Oberfläche gereinigt und Fehlstellen retuschiert.

Die fehlende Vase wurde nach Vorlage gefertigt. Als Oberfläche hat man sich für eine seidenmatte Schellack-/Wachspolitur entschieden.
Die Stühle wurden klassisch neu gepolstert, heißt mit Federkern, Gurtung und Rosshaarfüllung. In einer längeren Diskussion mit dem Kunden, dem Restaurator und Polsterer entschied man sich dann für eine nicht alltägliche, vielleicht gewagte, aber sicherlich passende, nicht historische Stoffvariante: Hochfloriger Velours in einer sehr kräftigen Farbe mit kontrastierenden Kedern.

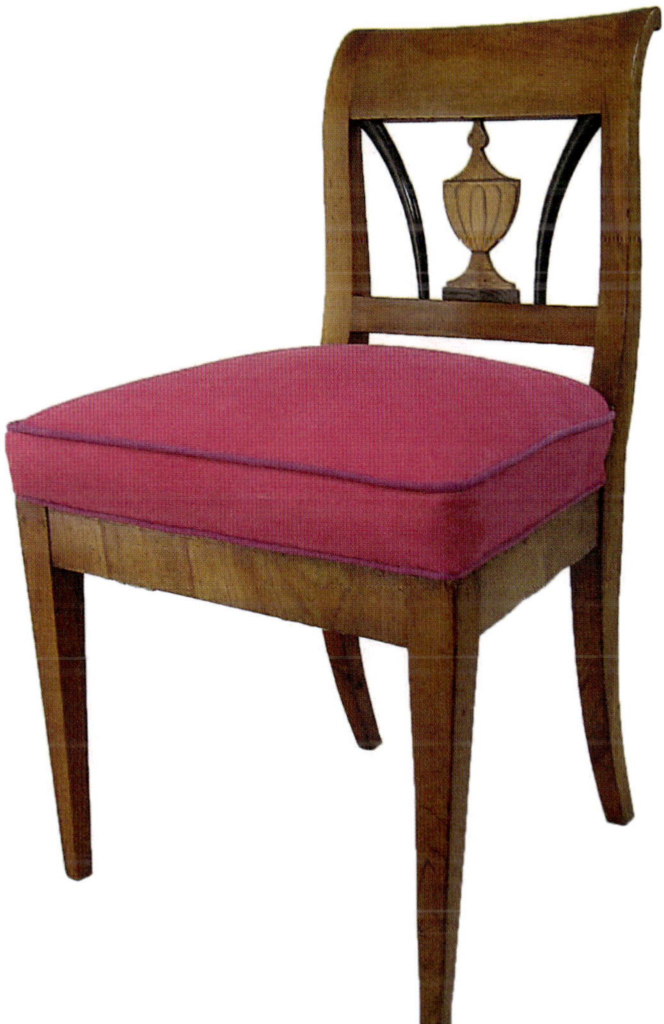

Stuhl nach der Restaurierung

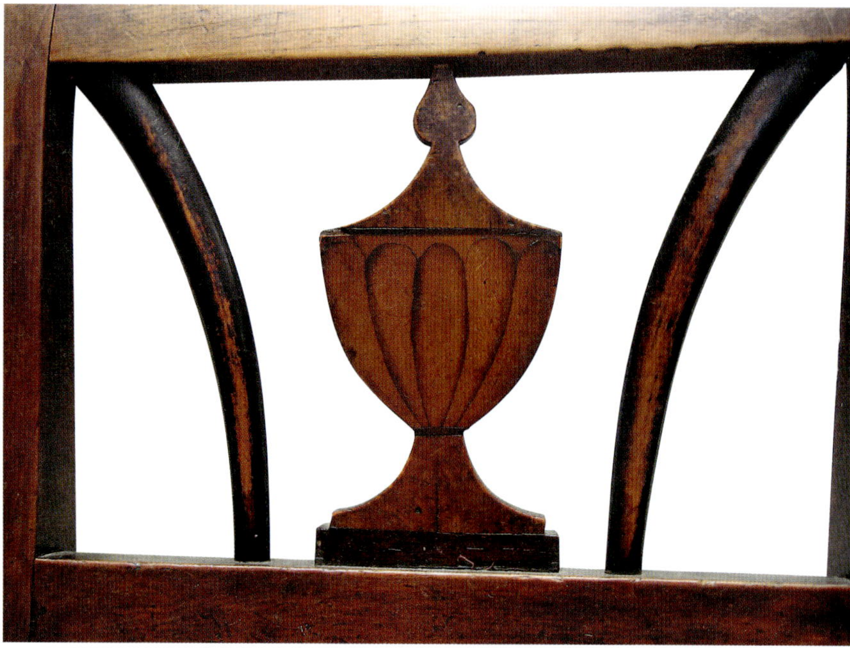

Die Vase im Original in Birke, Birkenmaser und Mooreiche.

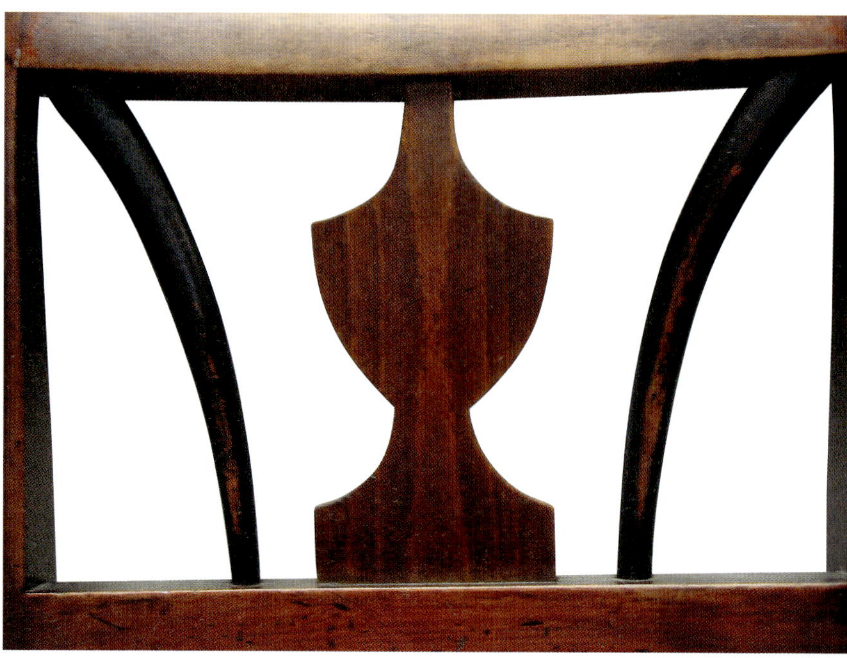

Fehlende Vase durch Provisorium aus Buche ersetzt.

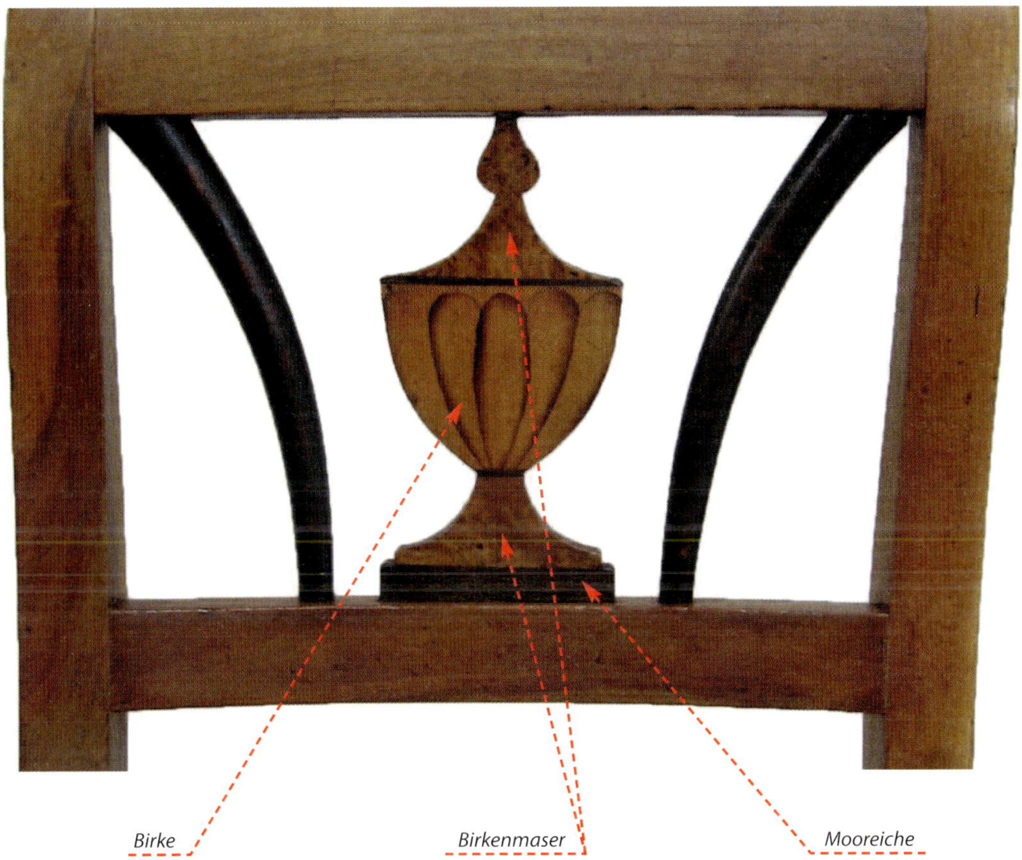

Die Vase aus Buche wurde durch eine dem Bestand entsprechende Vase ersetzt.
Gebogene Sprossen aus Kirschbaum, Fehlstellen retuschiert.

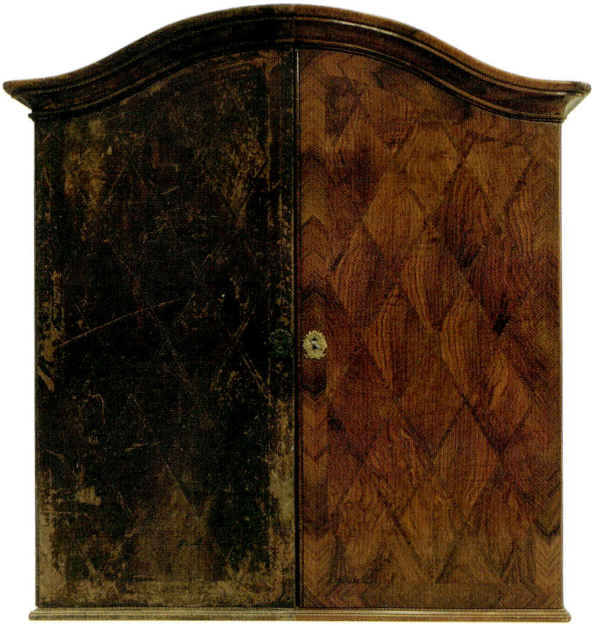

Aufsatz einer Kommode,
Nussbaum, um 1850/60, im Stile eines Barockmöbels,
sehr schöne Rautenmarketerie in Nussbaum mit
Zwetschgenbandwerk

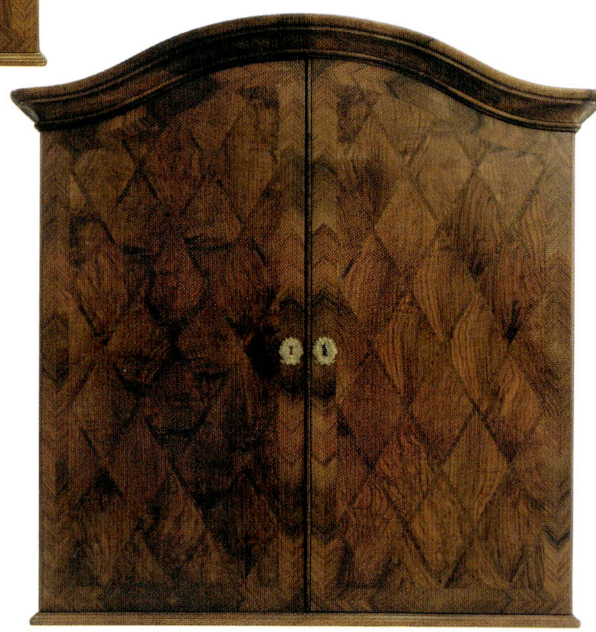

In einer Auktion fand ein Kunde dieses völlig ruinierte Möbel, leider fehlte die Kommode dazu. Wie auf der linken Tür sichtbar, war die Oberfläche mit völlig verbräuntem Leinöl nahezu schwarz.
Dieser Aufsatz ist eine Arbeit im Stile des Neobarock und Teil eines großen Schreibmöbels gewesen. Nach Abnahme der oxydierten Leinöloberfläche kam eine sehr eindrucksvolle Marketerie in Nussbaum mit Bandwerk in Zwetschge, eingerahmt mit geschrägten und gespiegelten Rahmenfriesen in Nussbaumfurnier, zum Vorschein.

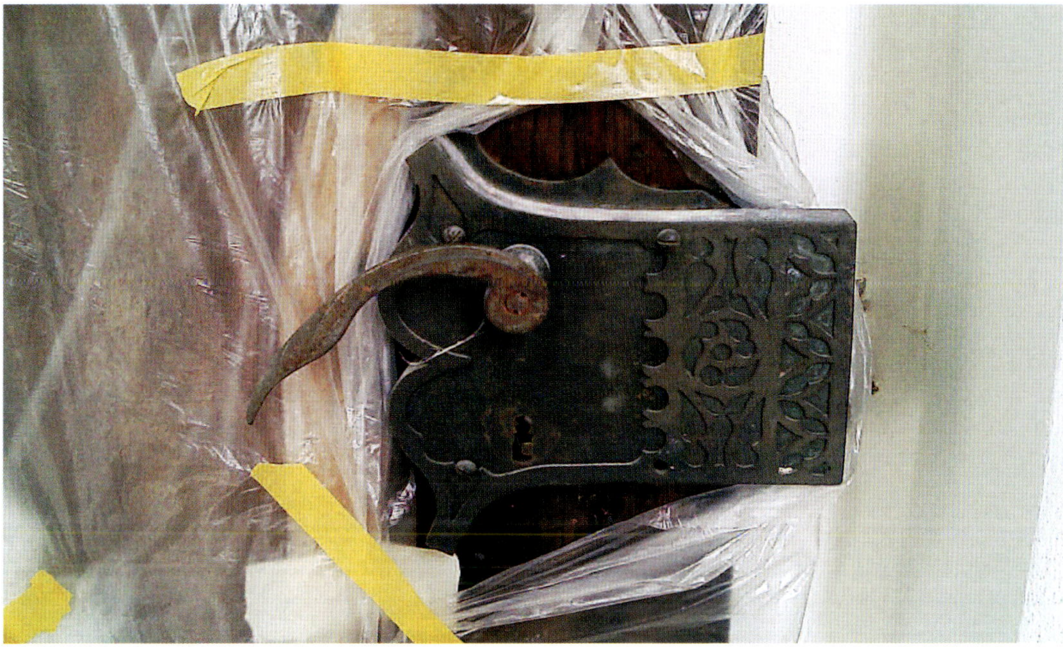

Vor der Restaurierung

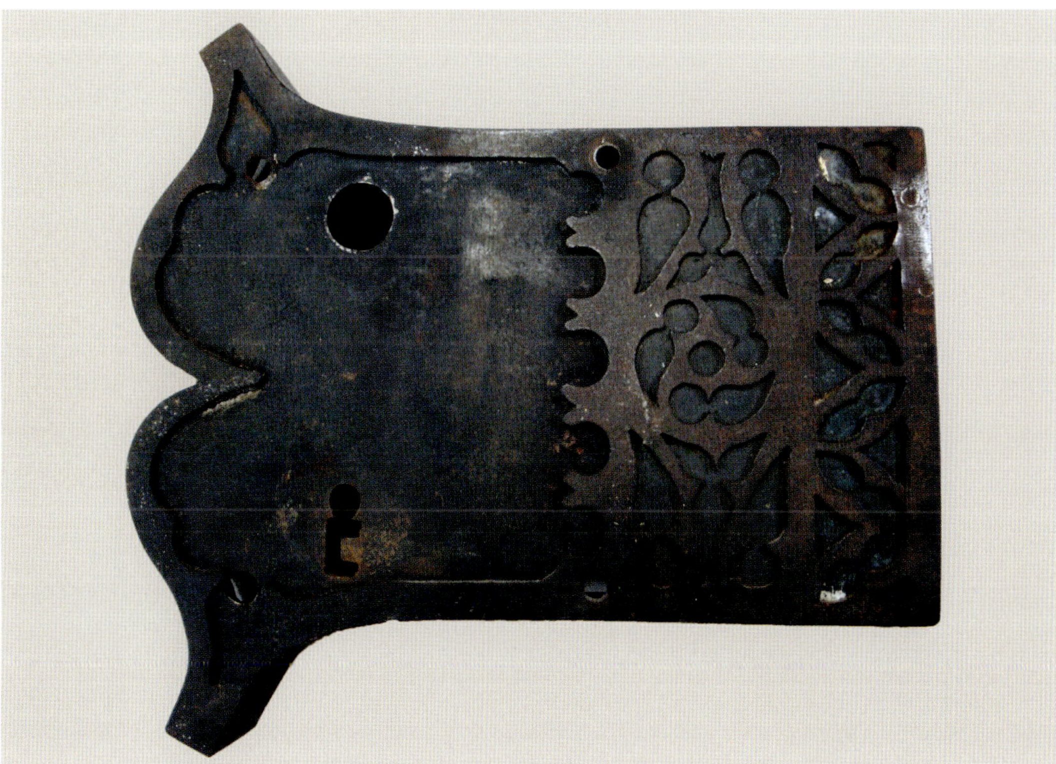

Während der Restaurierung: Schlosskasten vorgereinigt, mit Pinsel und Lappen trocken gereinigt

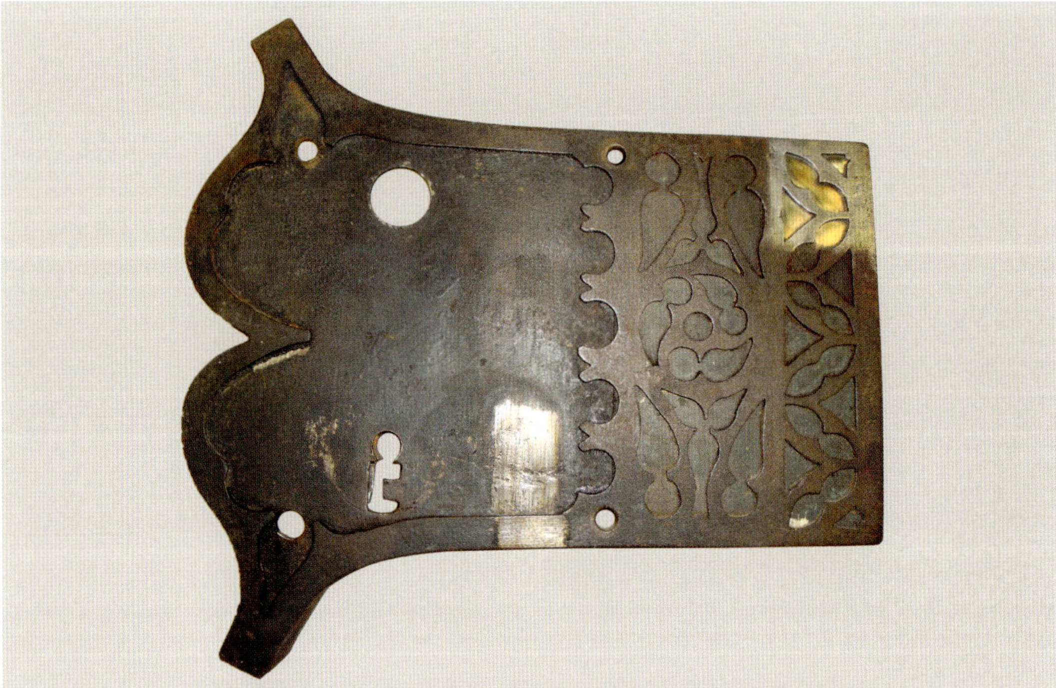

Freilegungsproben, mit Skalpell wurden die oxydierten Schichten abgetragen, das Messingblech mit einer Alkohollösung mechanisch und chemisch gereinigt

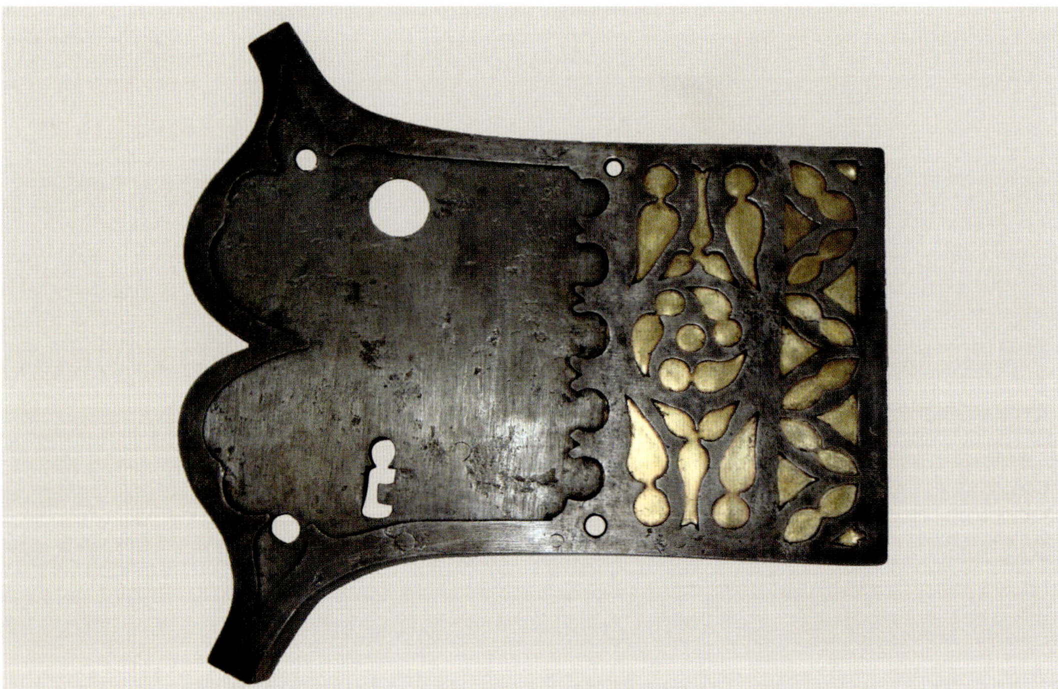

Das Eisenblech und Messingblech wurden nach der Reinigung mit Tannin und Microwachs konserviert.

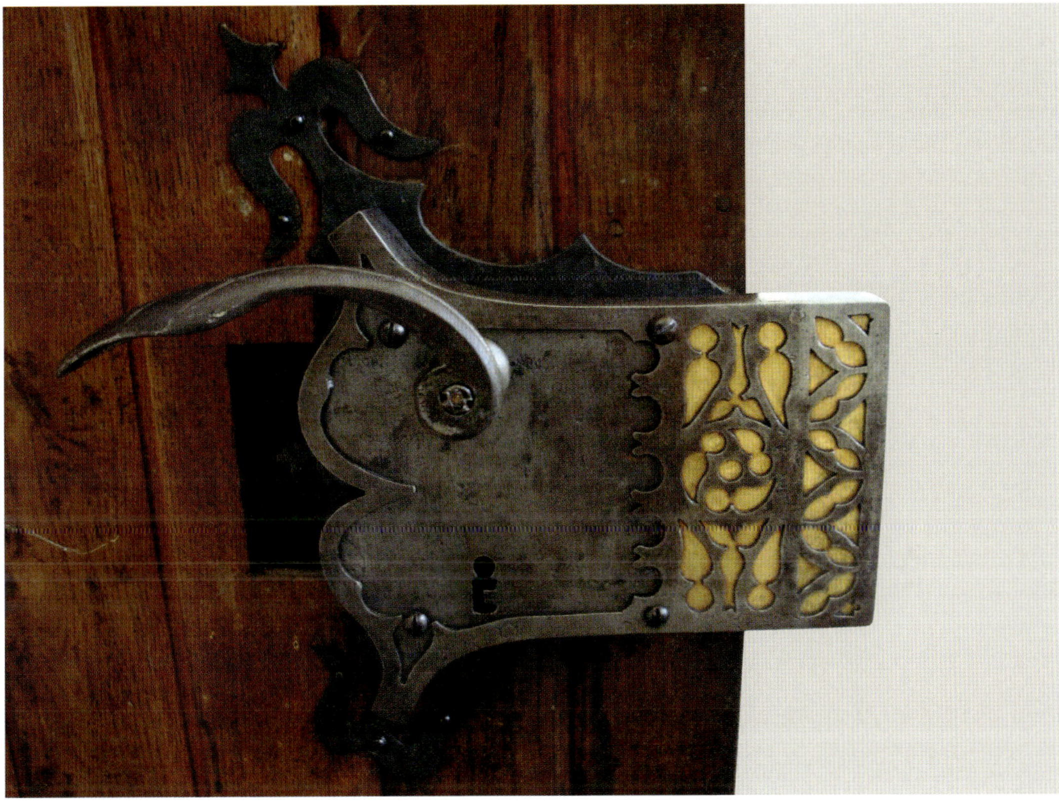

Nach der Restaurierung
Restauriertes Kastenschloss am Portal montiert

Kastenschloss mit Drücker, Eisen und Messing, 1880/1890
Agnes-Bernauer Kapelle, Straubing, Friedhof St. Peter

Die im süddeutschen Raum berühmte Kapelle ist im gotischen Stil erbaut. Herzog Albrecht von Bayern/München hatte eine nicht standesgemäße Liaison mit Agnes Bernauer aus Straubing. Sein Vater Herzog Ernst forderte von seinem Sohn, diese Beziehung zu beenden. Albrecht hatte Agnes als Herzogin eingesetzt. Auf Befehl Herzog Albrechts wurde Agnes Bernauer am 12. Oktober 1435 in der Donau ertränkt. Um diesen Mord zu sühnen, ließ Albrecht diese Kapelle 1436 errichten.

Dieses oben abgebildete Schloss wurde vermutlich bei Renovierungsmaßnahmen im 19. Jhd. eingebaut. Bei Restaurierungsmaßnahmen in 2007/2008 wurde dieses Schloss restauriert.

Selbst hier bestand Hoffnung …

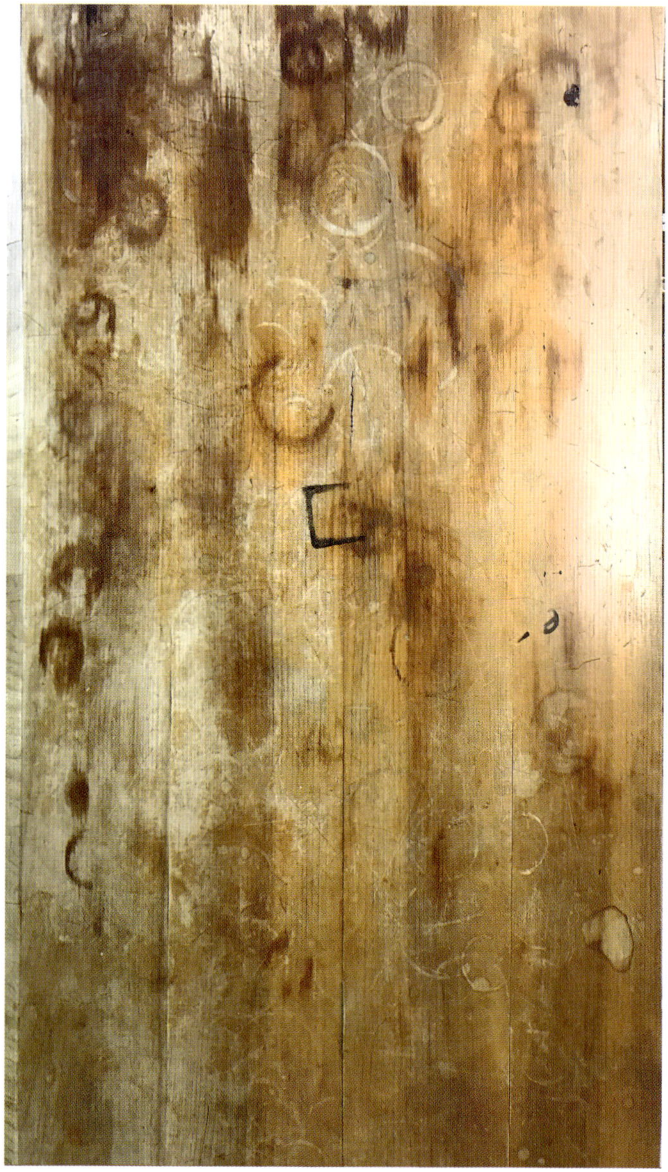

Deckel einer Kirschbaumkommode um 1810 vor der Restaurierung.
Dieses Möbel wurde über viele Jahre extrem vernachlässigt. Auf dem Deckel der Kommode wurden Gläser, Lackdosen und Metallbehälter abgestellt. Davon zeugen zahlreiche Oxydationsstellen auf dem Kirschbaumfurnier.
Auch wenn es nicht unbedingt so aussieht, das Furnier war in der Substanz in einem halbwegs guten Zustand.

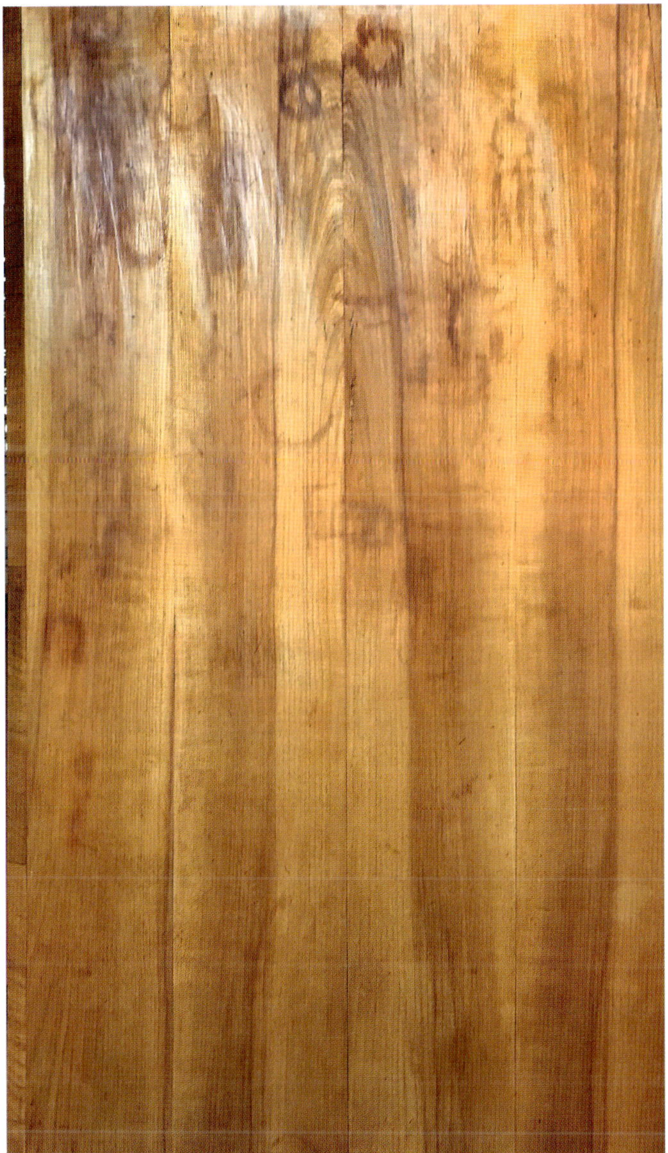

Die oxydierten Stellen waren nicht ganz reduzierbar, aber der Charakter des Kirschbaums ist deutlich erkennbar. Und so ist der Zustand eines 200 Jahre alten Möbels absolut akzeptabel.
Mit Oxal- und Zitronensäure, Alkohol und Abreiben mit Flies wurde die Oberfläche behandelt.
Die einzelnen Problemstellen wurden soweit möglich mit Skalpell mechanisch ausgedünnt.
Die Platte wurde nicht abgeschliffen. Nur zum Ende hin mit Schleifpapier (240er Körnung) geglättet.

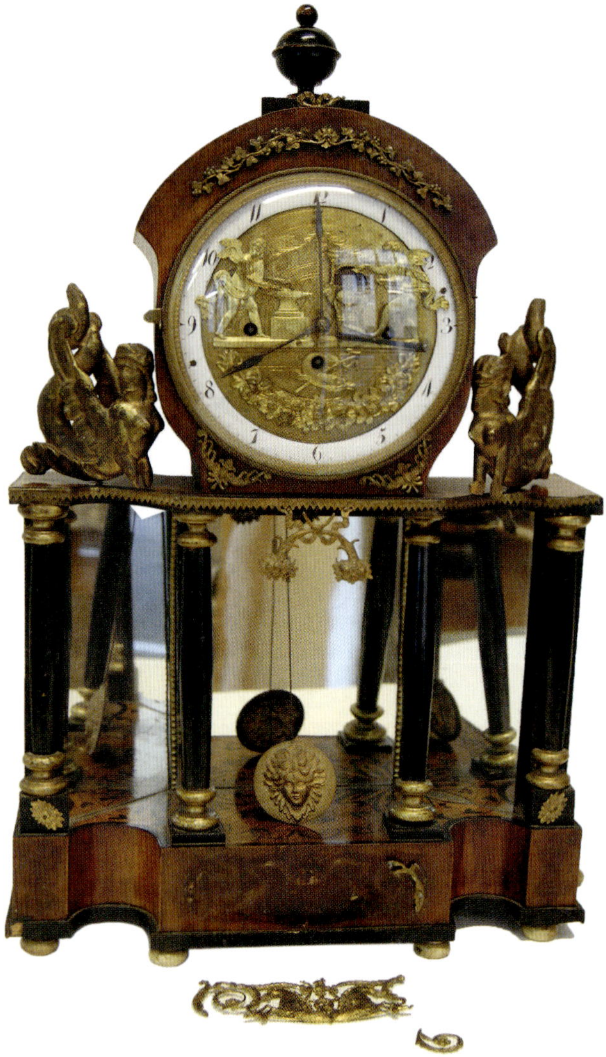

Vor der Restaurierung

Portaluhr 1820/50, Wien, Stunden- und Viertelschlag, gedrücktes Ziffernblatt mit Amorenmotiv, Nussbaumsockel, Alabaster-Kugelfüße, ebonisierte Säulen, Applikationen feuervergoldet, aufwendig marketierte Bodenplatte mit Spiegelrückwand.

Viele der Applikationen waren gebrochen, kleine Teile fehlten, Säulen teils lose, Spiegel nicht fixiert, Holzoberflächen stark verschmutzt, Uhrwerk wurde vom Uhrmacher gereinigt und gangbar gemacht. Alle Applikationen abgenommen und in Ultraschall gereinigt, gebrochene Teile gelötet und ergänzt, Uhrgehäuse zerlegt, soweit möglich, Oberfläche gereinigt und regeneriert, Säulen gereinigt, Spiegel gereinigt, Alabasterfüße gereinigt und montiert.
Gehäuse wieder zusammengesetzt und verleimt, Säulen eingeleimt, Spiegel fixiert, Applikationen wieder montiert, Uhrwerk eingesetzt.

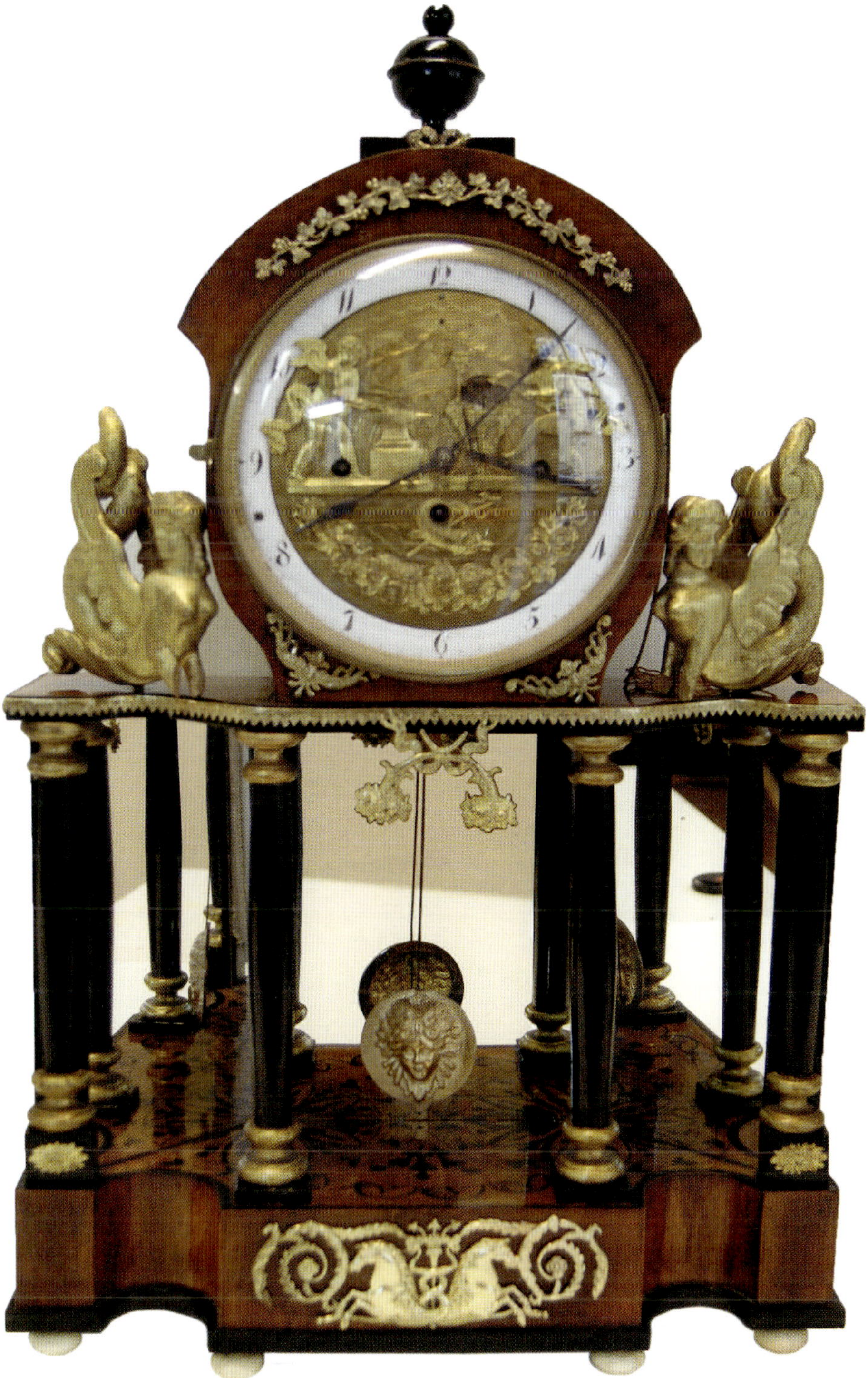

Nach der Restaurierung

Besonderheiten am Rande

Ebenholz, siehe auch das Kapitel: Holzarten

Ebenholz ist ein Tropenholz, sehr hart, schwarz oder schwarz-braun gestreift. Von einem Stamm Ebenholz wird nur das Kernholz (ca. 30% des Gesamtvolumens) genutzt, die restlichen 70% sind Splintholz und nicht verwertbar.

Die Dichte beträgt 0,9 bis 1,3 kg/m^3. In Deutschland wird der Preis für Ebenholz meist nach kg/m^3 abgerechnet. Aktuell liegt der m^3-Preis bei Makassar-Ebenholz bei 19.000,– bis 26.000,– €, bei besonders hochwertiger Ware bis zu 45.000,– €.
Bei der Verarbeitung von Ebenholz können durch die Stäube Augen, Lunge und Schleimhäute gereizt werden. Seit 1994 steht Ebenholz auf der Roten Liste der gefährdeten Arten (IUCN), die teils stark vom Aussterben bedroht sind.
Nur unter Auflagen kann heute eine größere Menge Ebenholz bezogen werden.

Rosshaarstoff ist ein seit Jahrhunderten benutztes wertvolles Material, dessen Herstellung sehr aufwendig ist.
Schon im 8. Jh. wurden die Schweifhaare vom Pferd zu Stoffen gewoben. Ab dem 19. Jh. holte der Architekt Karl-Friedrich Schinkel (1781–1841) Rosshaarstoff als Bezugsstoff für die kleinen Polstermöbel an den preußischen Hof und löste damit die Seidenbezüge aus Frankreich ab.

Rosshaar kann nur, bedingt durch die Länge das Schweifhaares, in kleinen Mengen hergestellt werden. Zwischen 65 und 75 cm Breite liegt die Ware. Daher können nur kleine Möbel mit dem Stoff bezogen werden. Heute besteht der Stoff aus 70% Haar (Schuss), 30% Kettenfaden aus Baumwolle, Seide oder Polyester. Pro cm verwendet man 26 bis 42 Haare, wobei jedes Haar einzeln per Hand eingelegt wird (Handwebstuhl).
Seit 1872 ist auch eine mechanische Herstellung von Rosshaarstoff möglich. Handgewebter Stoff ist verständlicherweise aufwendiger und daher teurer.
Rosshaarstoff changiert von dunkel-blauschwarz nach schwarz und dunkelbraun, ist widerstandsfähig und nur trocken bzw. maximal nebelfeucht zu reinigen. Muss vor Sonnenlicht geschützt werden.

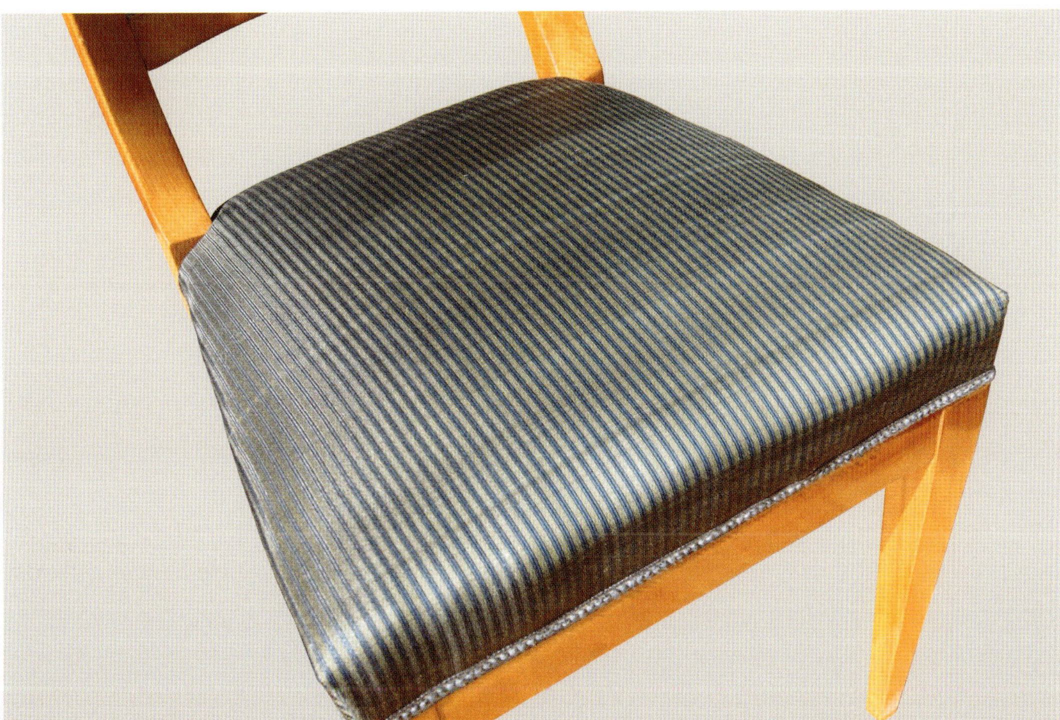

Rosshaarstoff in dunkelblau-grau changierend. Verarbeitung zu einem Sitzpolster.

Feuervergoldung

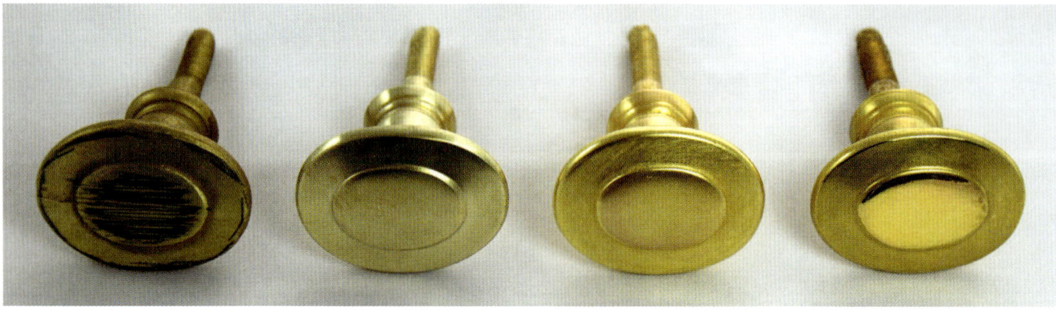

Knopf original *gereinigt* *feuervergoldet* *handpoliert mit Blutstein*

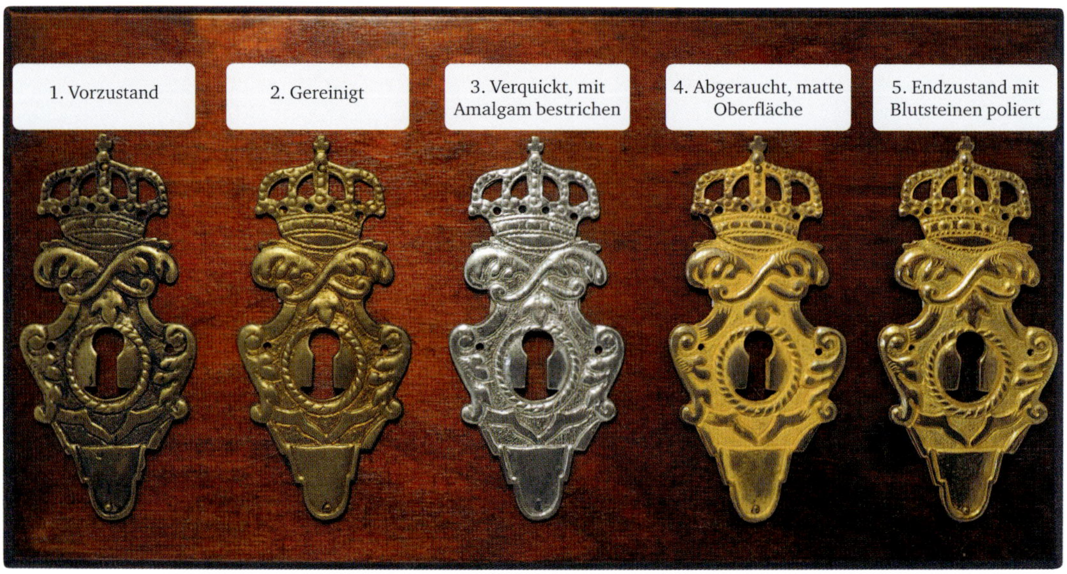

Hier sind die einzelnen Arbeitsschritte der Feuervergoldung in Teilen an einem Ziehknopfbeschlag und an Schlüsselschildern sichtbar dargestellt. Aus rein-musealer Restaurierungsphilosophie heraus ist es schon überlegenswert, den Originalzustand des Knopfes zu erhalten. Es ist aber nicht gesichert, ob dieser hier auf dem Foto im Original feuervergoldet war.
Es wird immer wieder zu solchen Grenzbereichen kommen und es muss im Einzelnen entschieden werden, wie vorzugehen ist.

Technik der Feuervergoldung

„Die Feuervergoldung ist eine der ältesten bekannten schon seit der Antike bis ins 19. Jh. durchgeführte Metallvergoldungstechnik. Sie gilt als ausnehmend haltbar. Der edle weiche Goldglanz wird durch eine aufwendige Handpolitur mit Poliersteinen erzielt. Als Grundlage dienen Gegenstände aus Silber, Bronze, Messing und Kupfer.
Zur Vergoldung wird ein Goldamalgam (Feingold mit Quecksilberanteilen) verwendet. Das Objekt wird entfettet und verquickt (in einer Lösung aus Quecksilber und Salpetersäure). Anschließend wird das Feingold mit einer Bürste aufgetragen. Dann wird die Oberfläche mit einer Hasenpfote geglättet.
Beim Erwärmen des Objektes verdampft das Quecksilber und das Gold bleibt auf der Oberfläche zurück. Anschließend wird es mit Blutstein o.ä. poliert.
Das Verdampfen des Quecksilbers ist hochtoxisch und wurde ab dem 19. Jh. durch die galvanische Vergoldung ersetzt. In der Schweiz ist die Feuervergoldung verboten, in Deutschland braucht man eine Lizenz, um dieses aufwendige Verfahren durchführen zu dürfen. Eine komplexe Absaug- und Entgiftungsanlage ist Vorschrift. Nur wenige Firmen bieten diese handwerkliche Leistung an."

Begriffserklärungen

In der Möbelrestaurierung tauchen immer wieder Fachbegriffe und sehr spezielle Ausdrücke auf, die in diesem Kapitel erklärt werden:

Anobien: siehe Schädlinge

Bandwerk / Bandlwerk: Bezeichnung für ein Gestaltungselement, vor allem im Barock und Klassizismus in Form von Bändern und Linien, oft ineinander verschlungen, zur Verzierung von z. B. Furnierbildern und Oberflächen bei Möbeln

Beizen: Mit Beizen werden Holzoberflächen farblich gestaltet und verändert, hier unterscheiden wir natürliche Farbbeizen und chemische Beizen. Bei natürlichen Beizen werden pulverförmige oder flüssige Farbpigmente in Lösungen auf das Holz aufgebracht und trocknen da ab. Bereits seit dem 14. Jh. wurde mit z. B. Rindensaft, Walnussschale, Essig, Kräuterextrakt u. a. gefärbt bzw. gebeizt.
Beim chemischen Beizen nutzt man die chemische Reaktion der Holzinhaltsstoffe mit der aufgebrachten chemischen Lösung aus.
Näheres unter „Historische Oberflächen".

Fassung: Meist versteht man darunter den Anstrich eines Möbels mit Lacken auf Öl- oder Kunstharzbasis, auch sind moderne Lacksysteme gemeint, man unterscheidet monochrome (einfarbige) und polychrome (mehrfarbige) Fassungen.

Furniere: Messerfurnier, Sägefurnier, Schälfurnier (siehe Kapitel Furniere, Seite 41)

Intarsie: Dieser Begriff bezeichnet die Technik, bei der man aus einem massiven Stück Holz ein Muster, ein Band oder eine kleine Fläche herausarbeitet und ein anderes Material, z. B. anderes Holz, Bein (Horn), Elfenbein, Zinn, Messing und Ähnliches einpasst und einleimt oder klebt (*intarsio* ital. *tarsia* arab. *Auslegen, Besetzen mit* [s. Duden Ethymologisches Wörterbuch]).

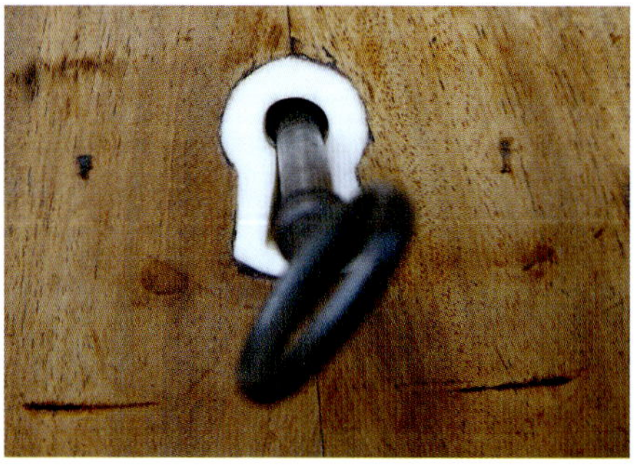

Diese Schlüsselbuchse aus Horn wurde in eine Schubladenfront intarsiert.

Karnies: Schmuckelement aus der Architektur, besitzt eine konkave-konvexe Profilform.

Kürschen: Als Kürschen werden abgelöste Stellen zwischen Furnier und Furnierträger, eine Art Blase, bezeichnet. Diese Kürschen werden mit Leim hinterspritzt und mit einer warmen Zulage wieder niedergeleimt.

Leime: **Glutinleim: Haut- und Knochenleime**

Glutinleim ist ein wasserlöslicher Klebstoff, der aus tierischen Abfällen (Haut und Knochen) durch Auskochen gewonnen wird. Das daraus entstehende Gallert, ähnlich der Gelatine, nennt man Glutin und wird als Leim bezeichnet.
Bis Anfang des 20. Jh.s war der Glutinleim der am weitesten verbreitete Klebstoff für Holz, Papier, Leder und weitere Materalien.
In der Restaurierung wird er bis heute verarbeitet. Knochenleim trocknet glashart aus und hat in der Regel höhere Festigkeit als die zu verleimenden Materialien. Er wird in einem Wasserbad erhitzt und muss heiß verarbeitet werden. Auch die Zulagen müssen warm bzw. heiß sein.
Durch Einbringen von Wasser und Wärme kann Glutinleim wieder regeneriert und gelöst werden.

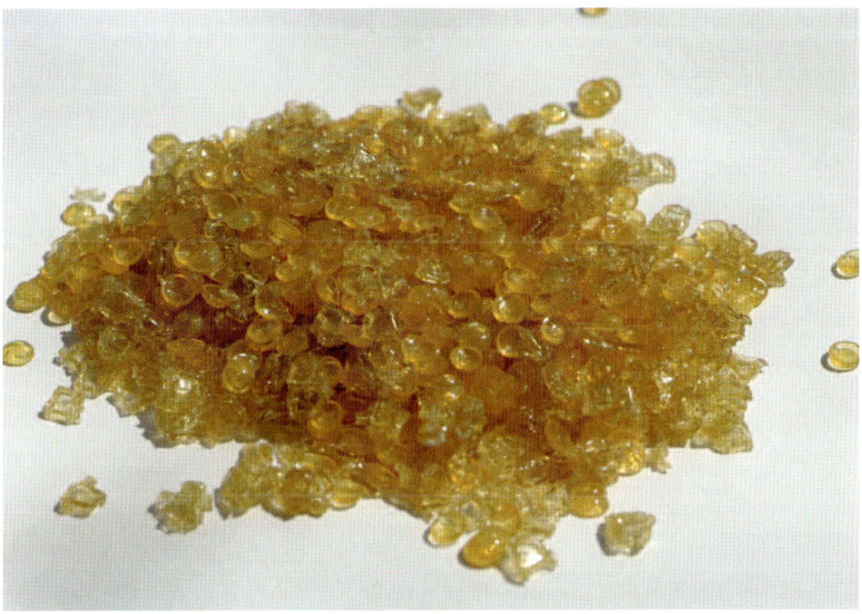

Knochenleim, Granulat

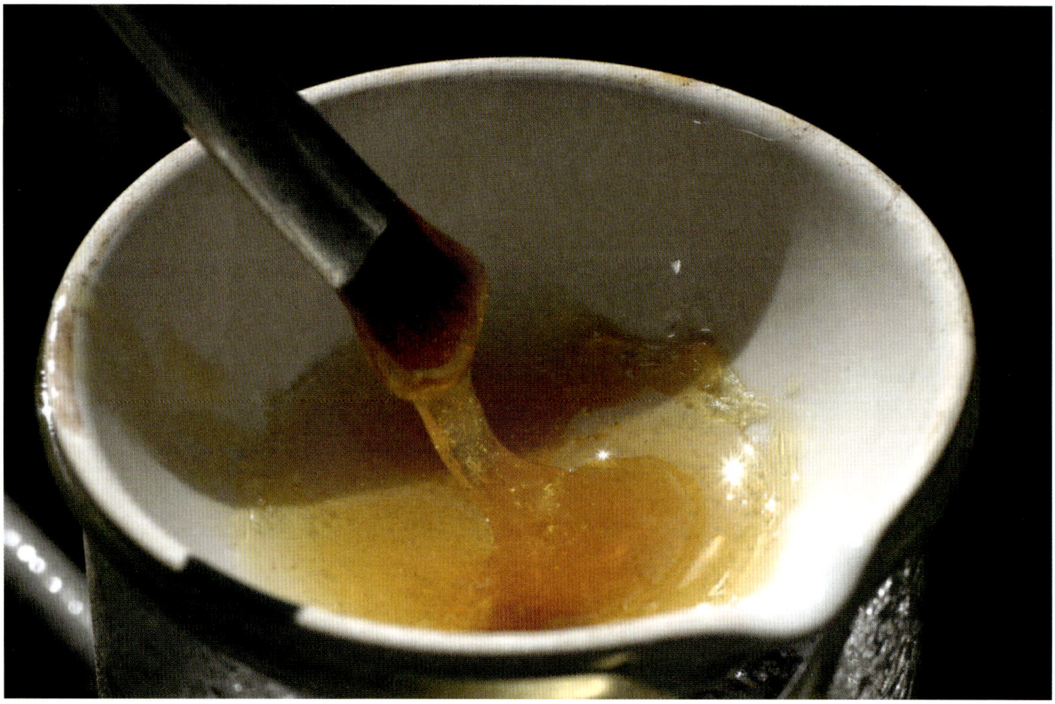

flüssiger Knochenleim

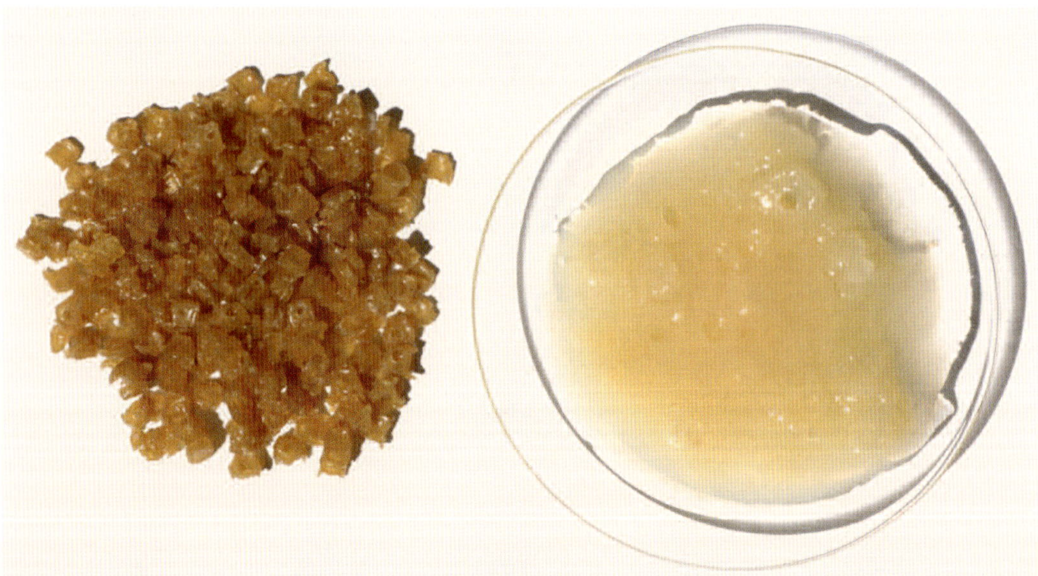

Hasenleim, links in Perlen, rechts in Wasser teilweise gelöst

Fischleime: Fischleim wird aus Haut und Gräten von Fischen hergestellt. Er wird auch als Bindemittel für Farben verwendet. Fischleim wird kalt verarbeitet. Bis 4° C ist Fischleim flüssig. Fischleim wird gerne wegen der Reversibilität in der Restaurierung verwendet.
In der Gemälde- und Fassungsrestaurierung wird eine Sonderform, der Hausenblasenleim, gewonnen aus der Schwimmblase des Beluga-Störs, verwendet.

Leinöle: Leinöl wird aus den Samen des Flachs gewonnen und ist ein Pflanzenöl. Leinöl ist auch ein Zusatz für weitere Öle und andere Stoffe. Kaltgepresstes Leinöl ist goldgelb, warm gepresstes gelb-braun. Raffiniertes Öl hat eine helle bis goldgelbe Farbe.
Leinöl ist das wichtigste Bindemittel für Ölfarben. Es wird auch als Holzschutz zur Imprägnierung verwendet. Es ist wasserabweisend und dampfdiffusionsoffen. Durch das Schwarzbrennen von Produkten aus Guss- und Schmiedeeisen wird neben dem Korrosionsschutz eine dunkle Oberfläche erzeugt.
Mit Leinöl getränkte Lappen können sich selbst entzünden. Der Oxydationsprozess bei der Trocknung erzeugt Stauwärme und kann dadurch die getränkten Materalien entzünden.

Oberfläche: ein Überbegriff, der alle Lacke, Überzüge, Farbanstriche eines Möbels oder Holzobjektes zusammenfasst

Schellack: Harzige Substanz, die aus den Ausscheidungen der Lackschildlaus (kerria lacca) gewonnen wird. Auf indischen oder thailändischen Feigenbäumen oder Malabar-Lackbäumen sondern weibliche Läuse harzartige Substanzen ab, die dann geerntet werden. In einem aufwendigen Verfahren werden die Lacke für den Restaurierungsbetrieb hergestellt.
Über Indien kam seit dem 17. Jh. der Schellack nach Europa. Näheres unter „Historische Oberflächen".

Marketerie: Wird landläufig gerne fälschlicherweise als Intarsie bezeichnet, ist aber eine andere Technik, um verschiedenfarbige Furniere oder Materialien in gleicher Materialstärke (z.B. 0,5–3 mm) zu einem Muster zusammenzufügen. War früher die französische Bezeichnung für Intarsie. Hat sich aber als Begriff verselbstständigt. Ein Entwurf eines Musters für ein Möbel wird auf ein Furnierblatt übertragen und je mehr verschiedene Farben man in dem Muster möchte, umso mehr Furniere legt man übereinander, schneidet sie mit der Laub- oder Découpiersäge aus und setzt sie wie gewünscht zusammen. Dabei entsteht ein „Positivbild" und ein „Negativbild". Diese Bilder werden als *première-partie* und *contre-partie* bezeichnet. Bereits im 15. Jh. tauchte diese Technik in Italien auf.
André-Charles Boulle (1642–1732) perfektionierte diese Technik in Frankreich im 17. und 18. Jh.

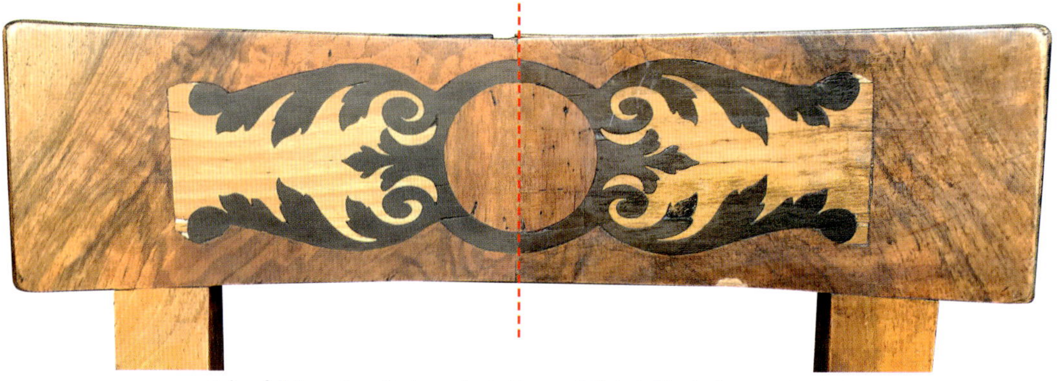

Schaufellehne eines Biedermeierstuhles um 1810, süddeutsch, unrestauriert
Beispiel einer relativ einfachen Marketerie: Nussbaum, Ebenholz und Ahornfurniere zu einem gespiegelten Bild zusammengesetzt. Die linke Hälfte ist gereinigt, die rechte Hälfte weist noch den stark verschmutzten Lack auf.

Schlösser & Schlüssel: siehe S. 127 – 130

Vasari, Giorgio (1511–1574): Ital. Architekt, als Verfechter der antiken Kunst empfand er die mittelalterliche Kunst (heute als Gotik bezeichnet) als barbarisch, fremd und wirr (ital. gotico). Daraus entstand der Begriff für den Baustil Gotik.

Wachse: (lat. cera) Organische Verbindung, Schmelzpunkt über 40°C, nicht in Wasser löslich. Wir kennen Bienenwachs, Chinawachs, Carnaubawachs und verschiedene technische Wachse (Paraffin).

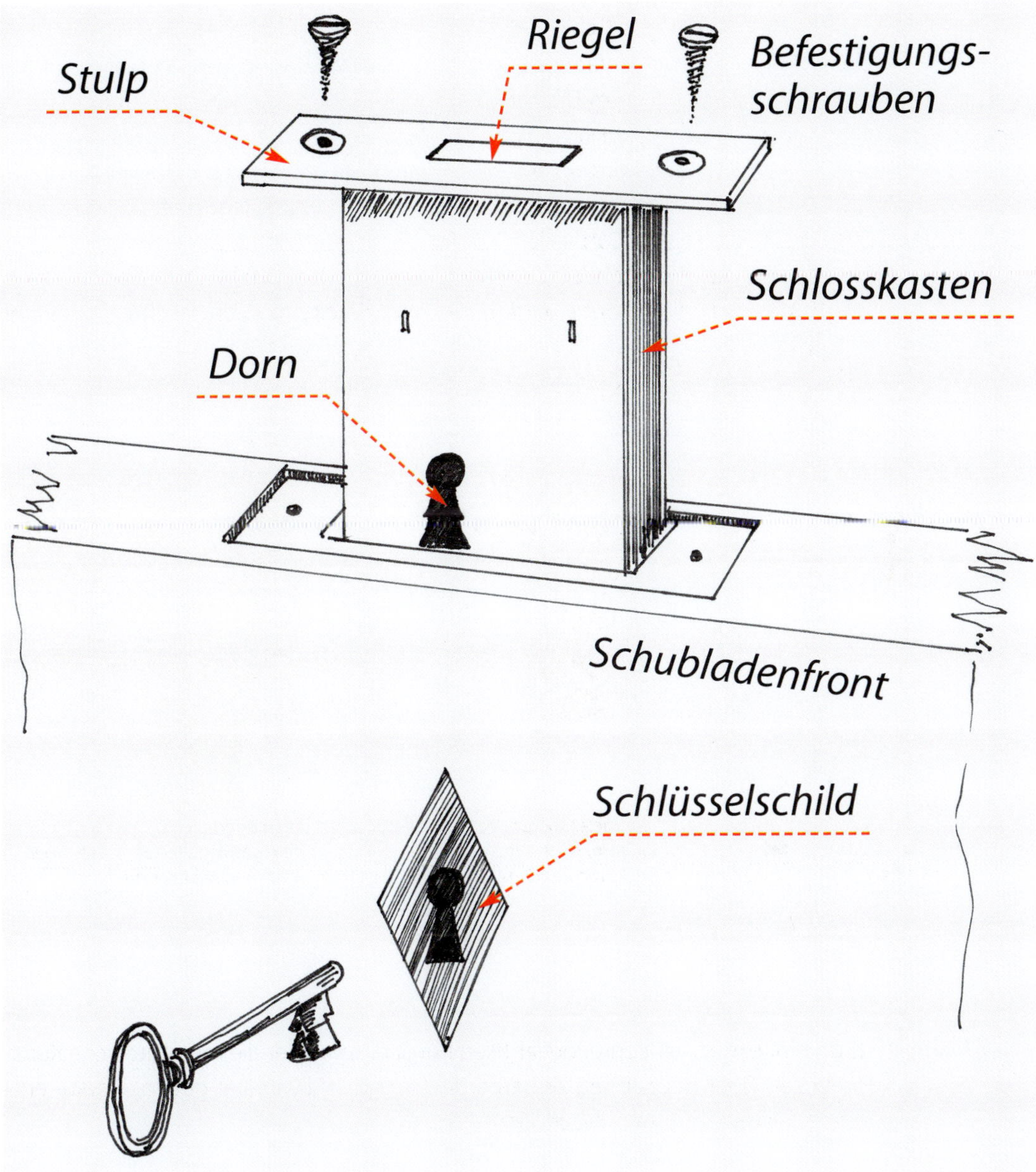

Einsteckschloss: Das Schloss wird in eine Art Tasche, z. B. in der Schubladenfront einer Kommode oder in der Schreibklappe eines Sekretärs, eingeschoben, sodass nur noch der Stulp mit Riegel sichtbar ist.

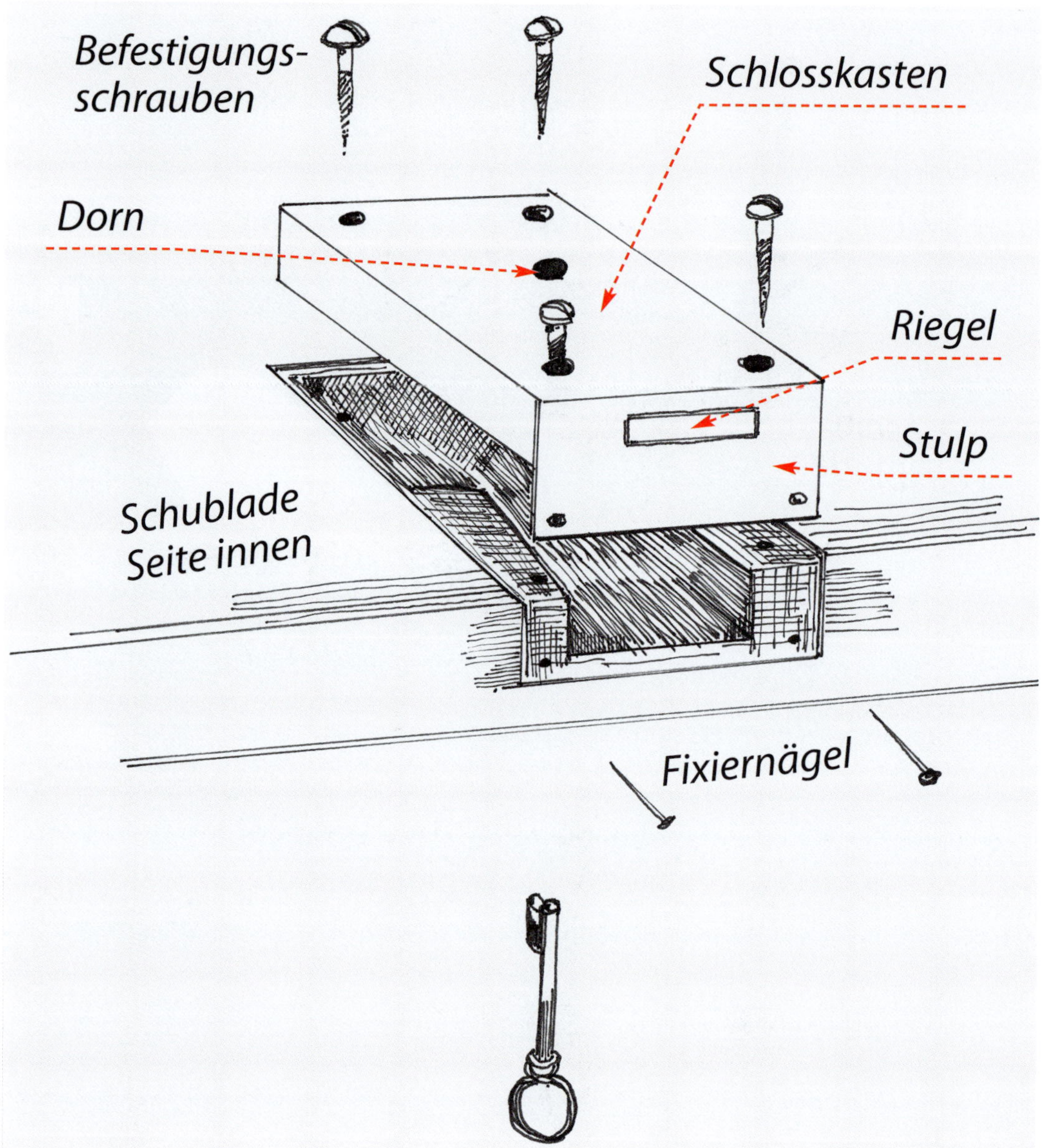

Aufsatzschloss: Das Aufsatzschloss wird auf die Innenseite der Schubladenfront oder einer Truhe (Sonderform Truhenschloss) montiert. Der Schlosskasten und der Stulp mit Riegel sind sichtbar.

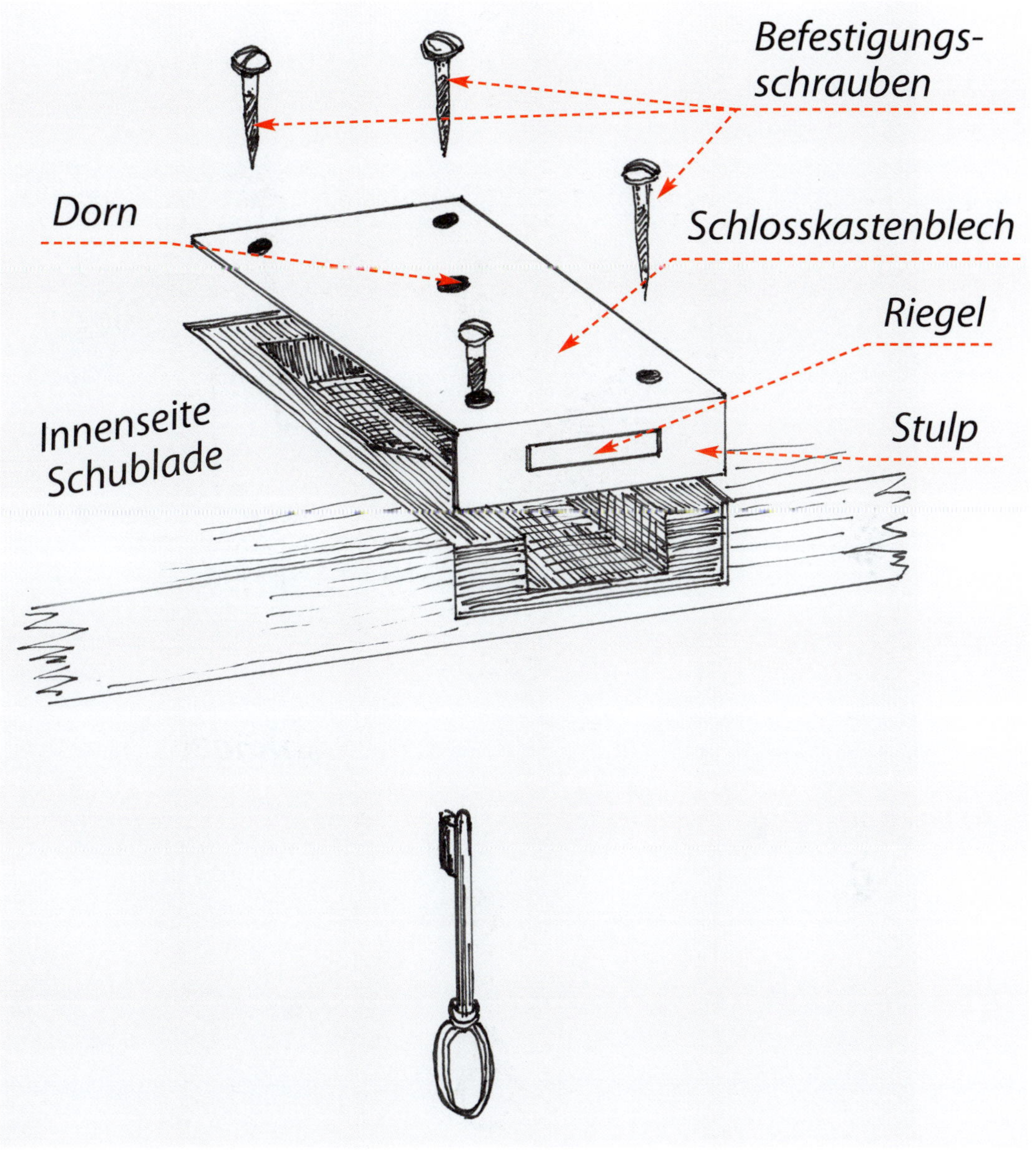

Einlassschloss: Bei dieser Variante wird aus der Innenseite der Schubladenfront eine Aussparung für die Schlosstechnik herausgestemmt und das Schloss bündig mit der Oberfläche eingelassen. Sichtbar sind das Blech des Schlosskastens und der Stulp mit Riegel.

Schlüssel mit Bezeichnungen

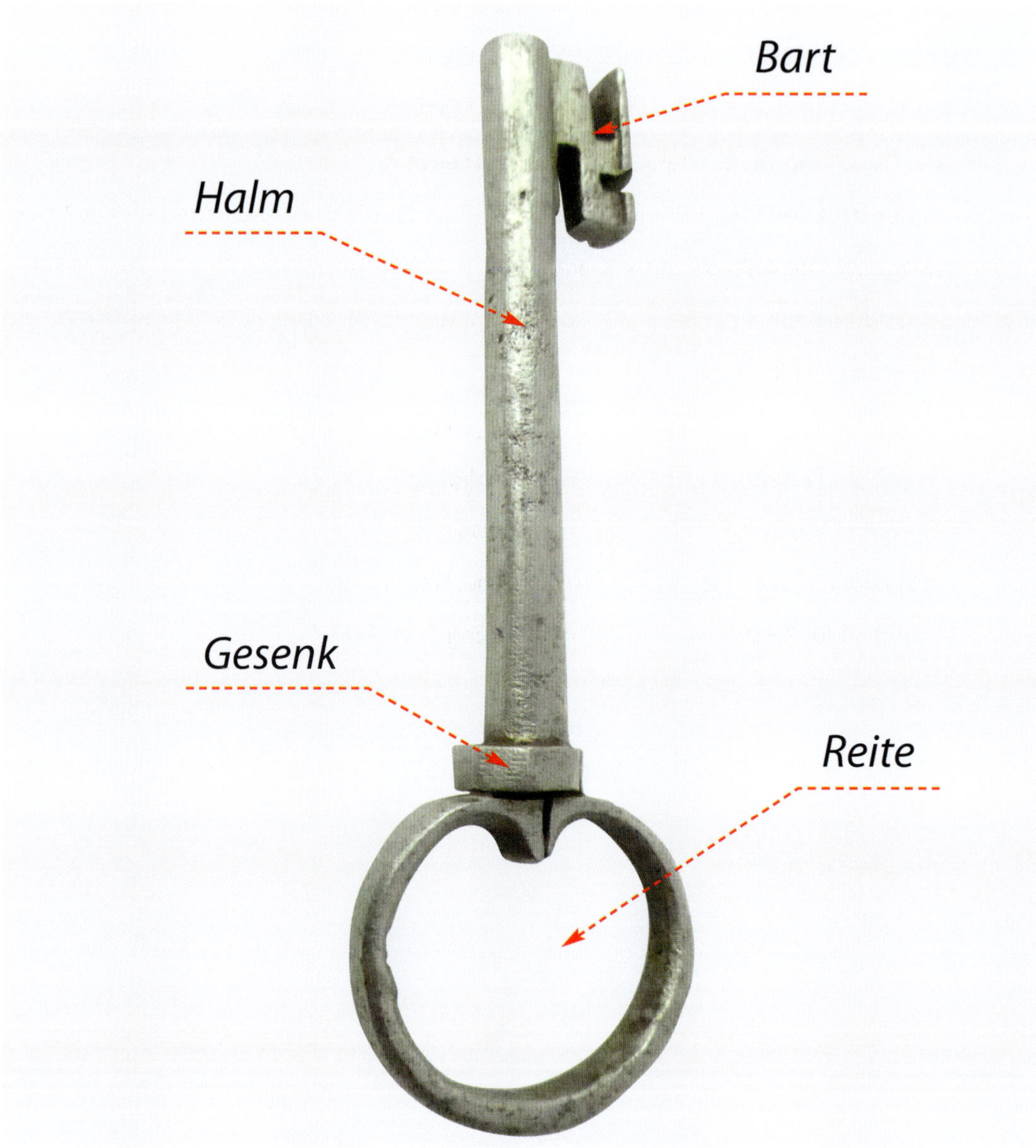

Literaturempfehlungen

Die Kunst des deutschen Möbels, Kreisel/Himmelheber, Band 1-3, C. H. Beck Verlag

Kunstgeschichte des Möbels, Adolf Feulner, Propyläen Verlag

Patina – von Nutzen und Nachteil der Restaurierung, Prof. Dr. Thomas Brachert, Callwey Verlag

Original oder Fälschung, Martin Marquart, Battenberg Verlag

Beiträge zur Konstruktion und Restaurierung alter Möbel, Prof. Dr. Thomas Brachert, Callwey Verlag

Weltkunst Magazin, Zeit Weltkunstverlag Hamburg

Erhaltung und Pflege von Kunstwerken und Antiquitäten, Dr. Hermann Kühn, Band 1 und 2

Holzkonservierung, Achim Unger, Callwey Verlag

Möbel des Klassizismus Louis XVI und Empire, Wolfgang Eller, Battenberg Verlag

Biedermeier-Möbel, Pressler, Döbner, Eller, Battenberg Verlag

Biedermeier-Möbel, Wolfgang L. Eller, Battenberg Verlag

Richard Riemerschmid, vom Jugendstil zum Werkbund, Prestel-Verlag München

Restauro, Zeitschrift für Restaurierung und Konservierung, Callwey Verlag

Stichwortverzeichnis

Foto- und Quellennachweis

Soweit nicht anders angegeben, stammen die Fotos von Alfred Kolbinger.

Bild	Quelle	Seite
Kupferstich Schreiner	Bodo Stratmann	5
Was darf Restaurierung	Thomas Brachert, Patina – Von Nutzen und Nachteil der Restaurierung, Callwey Verlag, München 1985, ISBN 3-7667-0778-7, S. 12ff	12
Nackenstütze	cb Gallery Wien Christoph Bacher Galerie Wien	14
Kopfstütze Text	Sammlung Horn www.Sammlung Horn.de	14
Kline Bett	Walters Museum Maryland	16
Truhe Gotik	Kunsthaus Lempertz	18
Schrank Renaissance	Auktionshaus Hampel, München	19
Kästchen Manierismus	Dorotheum	20
Barockschrank	Antiquitäten Schlemmer	21
Kommode Klassizismus	Antiquitäten Schlemmer	26
Kommode Biedermeier	Antiquitäten Schlemmer	27
Art Déco	1stdibs Gallery	30
Begriff Furnier	Wikipedia	40
Eckvitrine Louis XV	Richard Schlemmer	50
Zitat Lacke	Patina, Thomas Brachert 187ff	51
Zitat Lacke	Patina, Thomas Brachert 191ff	51
Zitat Lacke	Patina, Thomas Brachert 191ff	51
Schellacksauce	Patina, Thomas Brachert 191ff	51
Patina Möbel	Patina, Thomas Brachert 191ff	51
Patina Möbel	Patina, Thomas Brachert 187ff	52
Polsterung wA	Battenberg	58
Polsterung wA	Battenberg	58
Polsterung wA	Battenberg	58
Polsterung wA	Battenberg	58
Polsterung wA	Battenberg	59
Polsterung wA	Battenberg	59
Käfer	Wikipedia	76
Larve	Wikipedia	76
Beschr Anobium punct	Wikipedia	76
Vitrine	Herbert Stolz, Regensburg	90
Feuervergoldete Beschlag	Meyer Goldschmied, Maierhöfen	120
Feuervergoldete Beschlag	Meyer Goldschmied, Maierhöfen	120
Feuervergoldund Text	Wikipedia	121
Knochenleim Granulat	Simon Eugster	123
Knochenleim flüssig	Simon Eugster	124
Knochenleim flüssig in der Schale	Simon Eugster	124
Schlüssel	Alfred Löhr	130
Ägyptischer Stuhl	Fotoagentur Berlin bpk	15 oben
Bett Tut ench amun	Fotoagentur Berlin bpk	15 unten
Säule	Antiquitäten Schlemmer	22 oben
Kapitel	Antiquitäten Schlemmer	22 unten
Schloss	Antiquitäten Schlemmer	23 oben
Jugenstilschrank	C.H. Beck Verlag, München	29 oben
Sessel Versailles	Fotoagentur Berlin bpk	84/85
Beistelltische Eiche	Herbert Stolz, Regensburg	88 oben
Beistelltische Kirsche	Herbert Stolz, Regensburg	88 unten
Stuhl Riemerschmid Katalog	Verlag der Kunst Dresden/Basel	97 unten

Danke

Es haben viele an diesem Buch mitgedacht und mitgearbeitet. Besonders möchte ich meiner Frau Katrin danken, die immer ein offenes Ohr für alle Fragen hatte und mit ihrem Gefühl für Form und die Details maßgebend zur Fertigstellung dieses Buches beigetragen hat. Nicht zu vergessen ist Mitra Esmailzadeh, die in langen Telefonaten und mit Nachdruck die Dinge in ihre Bahnen geleitet hat.

Natürlich darf und muss ich allen Mitarbeitern des Battenberg Gietl Verlages, allen voran Josef Roidl und Stefan Birzer, für die Geduld und Ausdauer mit mir und dem Buch danken.

Stefan Biebl danke ich ganz besonders für die fachliche Mitarbeit und seinen freundschaftlichen Rat. Es muss auch Wolfgang Siegmar genannt werden, der nicht müde wurde, mir die Details seines Polsterhandwerks zu erklären.

Ein ganz besonderes Dankeschön geht an Dr. Richard Schlemmer, der mir viele Stunden seiner wertvollen Zeit, für all die kleinen und großen Detailfragen, geschenkt hat.

Und natürlich meiner Familie, die das vergangene Jahr viele Gespräche und Gemütsschwankungen ertragen musste.

Auch seien hier alle erwähnt, die mitgeholfen haben, mit oder ohne ihr Wissen.

Regensburg, September 2019

Alfred Kolbinger

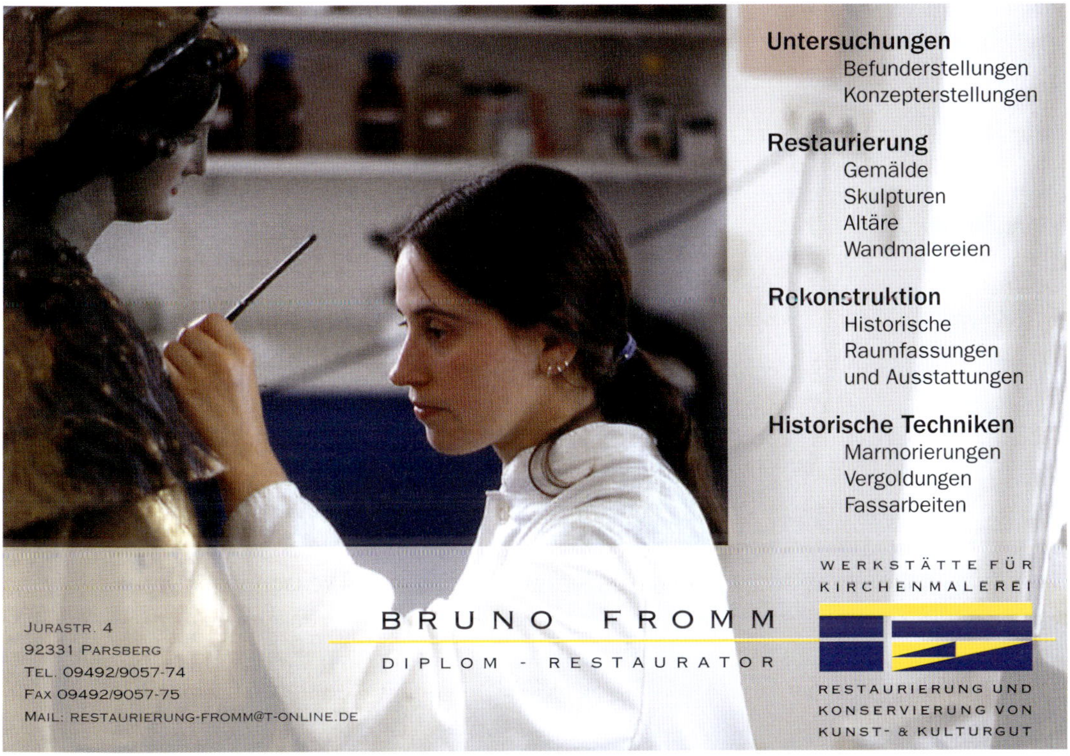
Untersuchungen
Befunderstellungen
Konzepterstellungen
Restaurierung
Gemälde
Skulpturen
Altäre
Wandmalereien
Rekonstruktion
Historische
Raumfassungen
und Ausstattungen
Historische Techniken
Marmorierungen
Vergoldungen
Fassarbeiten
WERKSTÄTTE FÜR
KIRCHENMALEREI
BRUNO FROMM
DIPLOM - RESTAURATOR
JURASTR. 4
92331 PARSBERG
TEL. 09492/9057-74
FAX 09492/9057-75
MAIL: RESTAURIERUNG-FROMM@T-ONLINE.DE
RESTAURIERUNG UND
KONSERVIERUNG VON
KUNST- & KULTURGUT

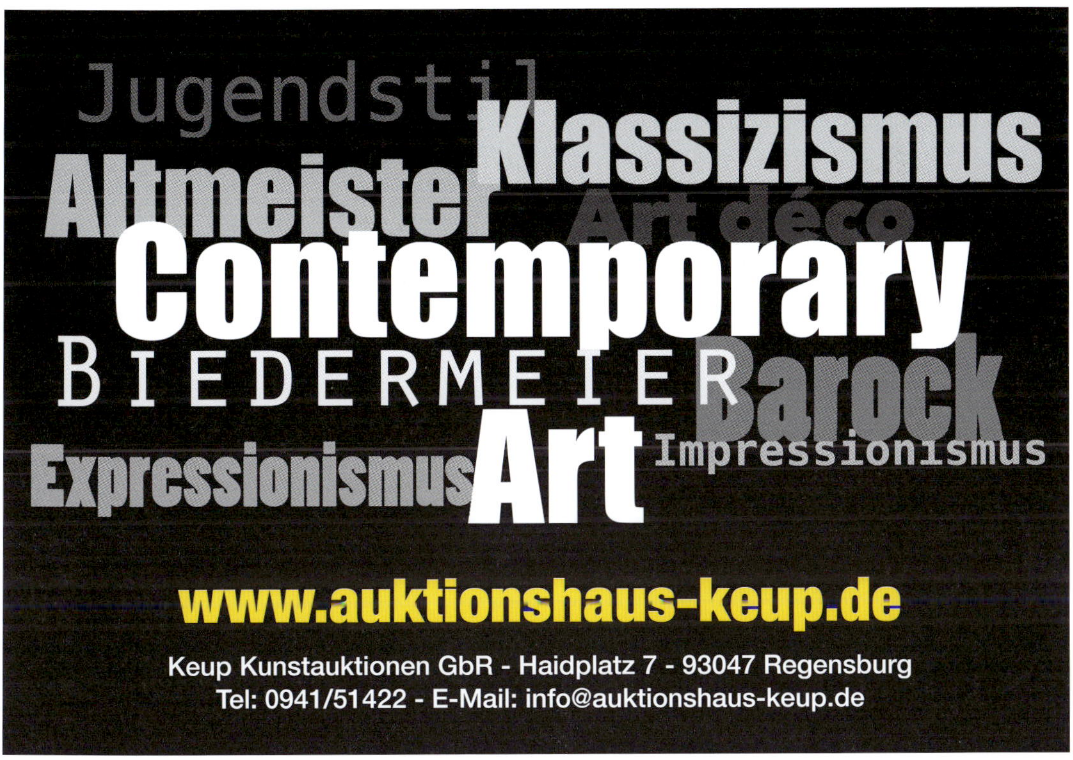
Jugendstil
Klassizismus
Altmeister
Art déco
Contemporary
BIEDERMEIER
Barock
Expressionismus
Art
Impressionismus
www.auktionshaus-keup.de
Keup Kunstauktionen GbR - Haidplatz 7 - 93047 Regensburg
Tel: 0941/51422 - E-Mail: info@auktionshaus-keup.de